DROIT ROMAIN

DE L'ACTION PAULIENNE

(Digeste, liv. XLII, tit. VIII.)

DROIT CIVIL FRANÇAIS

DE LA RÉVOCATION DES ACTES FAITS PAR LE DÉBITEUR EN FRAUDE DES DROITS DE SES CRÉANCIERS

(Art. 1167 C. civ.)

THÈSE
POUR LE DOCTORAT

Soutenue publiquement dans la grande salle
de la Faculté de Droit

Le jeudi 18 décembre 1879, à trois heures

Par Louis PELLOUIN

AVOCAT

LAURÉAT DE LA FACULTÉ DE DROIT DE RENNES 1869

POIRIER-BÉALU, ÉDITEUR

GRANDE-RUE, 90

A MAYENNE

1879

THÈSE

POUR LE DOCTORAT

Président : M. FEUGUEROLLES, *Professeur*,

Suffragants : MM. CAUVET, *id.*
TOUTAIN, *id.*
LAISNÉ-DESHAYES, *agrégé.*
GUILLOUARD, *id.*
VILLEY, *id.*

DROIT ROMAIN

DE L'ACTION PAULIENNE

(Digeste, liv. XLII, tit. VIII.)

DROIT CIVIL FRANÇAIS

DE LA RÉVOCATION DES ACTES FAITS PAR LE DÉBITEUR EN FRAUDE DES DROITS DE SES CRÉANCIERS

(Art. 1167 C. civ.)

THÈSE
POUR LE DOCTORAT

Soutenue publiquement dans la grande salle
de la Faculté de Droit

Le jeudi 18 décembre 1879, à trois heures

Par Louis PELLOUIN

AVOCAT

LAURÉAT DE LA FACULTÉ DE DROIT DE RENNES (1868)

POIRIER-BÉALU, ÉDITEUR

GRANDE-RUE, 90

A MAYENNE

1879

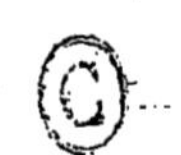

INTRODUCTION

« Qui s'oblige oblige le sien, » dit un adage qui a cours dans toutes les législations, c'est-à-dire que tous les biens du débiteur sont la garantie, forment le gage du créancier.

Le droit de celui-ci sera d'exécuter son débiteur sur tous ses biens, de les faire vendre jusqu'à ce qu'il soit désintéressé de toute sa créance, lorsque celle-ci sera devenue exigible.

Tel est le gage général accordé aux créanciers : garantie incomplète, parce que le débiteur ne reste pas moins le maître de disposer de ses biens, de contracter de nouvelles dettes, de se donner de nouveaux créanciers qui, venant en concours avec les premiers, rendront presque vaine la garantie que les uns et les autres avaient cru trouver dans les biens de leur débiteur.

C'est que ce gage leur était commun et que pour se mettre à l'abri de cette éventualité désastreuse pour leurs intérêts, ils auraient dû se faire consentir une sûreté spéciale.

Et si un débiteur, voulant se soustraire à l'action de ses créanciers, fait frauduleusement des actes qui causeront ou accroîteront son insolvabilité, ces créanciers auront certainement, dans certains cas et sous certaines conditions, le droit de faire révoquer ces actes qui leur ont porté préjudice.

C'est le droit de révocation que nous allons étudier dans son ensemble.

Le droit de poursuite, qui appartient au créancier contre son débiteur, n'est pas un droit absolu, c'est un droit limité, subordonné à l'accomplissement de certaines formalités. Ce n'est pas un droit direct sur la chose, objet de son gage, *non jus in re*, mais simplement un droit à la chose, *jus ad rem*; ce qui signifie que le créancier ne peut regarder la chose qui lui est due, comme sienne, qu'il ne peut jamais s'en saisir directement, que le seul privilège qui lui soit reconnu consiste à poursuivre le débiteur pour l'obliger, par les voies de droit, à lui remettre la chose ou la somme due. — C'est là, en effet, une distinction fondamentale, et par laquelle notre législation diffère des législations anciennes et de quelques législations modernes.

On sait quelle était à Rome la rigueur de la loi primitive : le créancier avait un droit sans limite sur la personne de son débiteur; quand il n'était pas désintéressé, il devenait maître absolu de la personne de son débiteur, non pas seulement pour le priver temporairement de la liberté, mais pour en faire son esclave, le vendre à l'étranger (1), et

____

(1) Aulu-Gelle, XX, I.

même pour le couper en morceaux, si plusieurs créanciers étaient en concurrence sur le même individu (1).

« Avec une telle puissance accordée au créancier sur la personne de son débiteur, écrit M. Laboulaye, il eût été bien superflu de joindre une exécution judiciaire sur les biens ; aussi était-elle inconnue dans ces anciens jours (2). »

Mais le créancier n'avait guère de moyens directs pour empêcher les aliénations frauduleuses de la part de son débiteur ; il était donc nécessaire qu'il fût garanti contre de pareilles fraudes. Le débiteur récalcitrant ne pouvait échapper à la peine qu'il avait encourue ; sa mauvaise foi retombait sur lui-même.

Il est vrai que la même peine pouvait atteindre un innocent que des malheurs avaient rendu insolvable. Mais certainement les choses ne se passaient pas dans la vie comme elles se montrent en droit pur.

(1) Le débiteur devait être exposé en vente pendant trois jours de marché, pour voir si personne ne le rachetait, et l'histoire de M. Manlius, au IVe siècle, nous apprend qu'il sauva de cette manière 400 débiteurs des mains de leurs créanciers. (Von Shering. *Esprit du droit romain*, I, p. 136.) — M. Fustel de Coulanges donne pour motif à ce droit sur la personne et non sur les biens, l'inviolabilité du droit de propriété : « le corps de l'homme répond de la dette, non la terre, car la terre est inséparable de la famille. Il est plus facile de mettre l'homme en servitude que de lui enlever son droit de propriété, le débiteur est mis dans les mains de son créancier ; sa terre le suit en quelque sorte dans son esclavage. » (*Cité antique*, p. 77.)

(2) Laboulaye. *Histoire de la procédure chez les Romains*, ch. VIII, p. 83.

D'après le témoignage d'Aulu-Gelle lui-même, il n'est pas d'exemple que des créanciers aient jamais disséqué leur débiteur. Il devait y avoir ce qu'on peut appeler « la question criminelle », c'est-à-dire que les créanciers devaient essayer de la section d'un membre, d'une oreille, par exemple, pour voir l'impression produite. Avant d'aller plus loin, l'opiniâtreté du débiteur devait être vaincue ou la « vengeance » du créancier satisfaite.

Cette loi rigoureuse d'exécution sur la personne même du débiteur ne devait pas se généraliser; il semble cependant que notre Code en avait conservé le souvenir par la contrainte par corps, abolie presque complètement par la loi du 22 juillet 1867.

Les lois de Moïse — les lois de l'Egypte, ne permettaient jamais que l'exécution des biens.

En Grèce, la liberté du débiteur insolvable fut d'abord à la merci des créanciers, mais Solon abolit cette rigueur (1).

A Rome même, l'introduction de la philosophie grecque, tant redoutée par Caton, allait adoucir les esprits. Les Prudents et les Préteurs devaient achever ce travail.

Déjà une loi, qui date de la première moitié du Ve siècle, la loi Petilia, avait gravement modifié les principes de la loi des XII Tables. Elle défendit

______

(1) Eschbach. *Introduction générale à l'étude du droit* pp. 466, 510, 578.

au créancier de charger de chaînes le débiteur qu'il a fait condamner et qui lui a été *addictus*, mais elle ne supprimait ni l'*addictio* ni l'emprisonnement (1).

Le préteur Publius Rutilius, à la fin du vi^e ou dans la première moitié du viie siècle (2), établit, dans son édit, la *bonorum venditio*, ou vente en masse du patrimoine du débiteur, sous certaines conditions, qui ont quelque rapport avec la faillite de notre droit.

Plus tard, sous Dioclétien, la *bonorum venditio* fut remplacée par la *bonorum distractio*, ou vente en détail des biens du débiteur par le créancier, qui se faisait envoyer en possession de biens déterminés et suffisants pour le désintéresser après la vente.

La poursuite des créanciers contre leur débiteur ne pouvant plus avoir lieu que sur les biens de celui-ci, il faut que leur droit soit garanti contre les actes que pourrait faire le débiteur dans le but de diminuer leur gage.

Le droit civil reconnaissait toujours la validité des actes faits par le débiteur, mais le préteur, plus équitable, ne permit pas que les conséquences de ces actes frauduleux pussent préjudicier aux créanciers. — De là fut accordé à ces derniers, tout d'abord un interdit, appelé *interdit fraudatoire;*

---

(1) Demangeat. *Cours de droit romain*, t. II, p. 152.
(2) Le discours de Cicéron *pro Quintio* roule tout entier sur une question de *bonorum venditio*.

puis, dans la suite une action : *action révocatoire*, appelée *action Paulienne*, du nom d'un préteur *Paulus*, qui en aura fait la première application.

Du droit romain, où cette action fut l'objet de nombreux développements, elle passa dans notre ancien droit, et de là dans notre Code, où elle est devenue l'article 1167 du Code civil : « Les créanciers peuvent, en leur nom personnel, attaquer les actes faits par leur débiteur en fraude de leurs droits. »

Le législateur français n'exige aucune condition, n'entre dans aucun détail ; nous serons donc autorisés à avoir souvent recours à la tradition romaine.

Notre droit devait admettre le principe de cette action, puisque le droit de coercition personnelle a disparu de notre législation, et qu'il fallait pourtant mettre les créanciers à l'abri de la fraude.

Notre législateur a dû se montrer plus prévoyant encore dans un cas, où la fraude est plus facile à commettre et plus difficile à constater : c'est celui où le débiteur est tombé en faillite.

DROIT ROMAIN

(Digeste, liv. XLII, tit. VIII.)

CHAPITRE PREMIER

DE L'INTERDIT FRAUDATOIRE

L'existence d'un interdit fraudatoire est incontestable, en présence du texte de l'Édit du Préteur, qui nous a été conservé par Ulpien :

« Quæ Lucius Titius fraudandi causa, sciente te in bonis, quibus de ea re agitur, fecit : ea illis, si eo nomine quo de agitur, actio ei ex edicto meo competere esseve oportet, et si non plusquam annus est, cùm de ea re qua de agitur, experiundi potestas est, restituas : interdum causa cognita, et si scientia non sit, in factum actionem permittam (1) .»

Il ressort en effet de ce texte que les créanciers avaient pour agir un autre moyen que l'action *in factum*. De plus, le Préteur donne l'ordre au tiers détenteur d'opérer la restitution, *restituas*, ce qui caractérise bien l'interdit.

---

(1) Dig, loi 10 pr. Quæ in fraudem creditorum, liv. XLII, tit. VIII.

D'autres textes, au Digeste, confirment cette existence de l'interdit fraudatoire :

« Etiam eo tempore quo creditorum fraudandorum consilium inieris, citra periculum *interdicti fraudatorii* hereditatem suspectam adibis, et restituas mihi (1) . »

Et encore :

« Pupilli debitor tutore delegante pecuniam creditori tutoris solvit. Liberatio contigit, si non malo consilio cum tutore habito hoc factum esse probetur. Sed et *interdicto fraudatorio* tutoris creditor pupillo tenetur, si eum consilium fraudis participasse constabit (2). »

L'interdit fraudatoire doit être antérieur à l'action Paulienne, car le Préteur avait coutume, quand une difficulté lui était soumise, de la régler tout d'abord entre les parties, *inter duos dicebat* : c'était l'interdit. — Et quand l'affaire lui était de nouveau soumise et qu'il voulait alors la régler d'une manière générale, il remplaçait l'interdit par une action *in factum*.

L'interdit dut bientôt faire place à l'action. Ces deux moyens, concourant au même but, on ne fit plus usage de l'interdit ; mais son nom resta à côté de l'action, qui cependant fut seule employée.

Telle est l'explication la plus plausible de la

(1) Dig. loi 67, § 1, ad. Senat. Trebellianum, liv. XXXVI, tit. I .
(2) Dig. loi 96, pr. Solutionibus, liv. XLVI, tit. III,

coexistence de l'interdit fraudatoire et de l'action
Paulienne : l'interdit avait été utile tant qu'on n'avait
pas reconnu au Préteur le droit de poser des règles
générales, et quand la faculté d'accorder, sans jussus préalable, une action, ne fut plus contestée, les
créanciers agirent toujours par l'action.

Peut-être existait-il encore d'autres différences
entre ces deux moyens de révocation — différences
de procédure : celles qui existaient d'une manière
générale entre les interdits et les actions. — Différences dans la restitution des fruits : avec l'interdit
le défenseur n'aurait pas à restituer les fruits antérieurs à son admission, et ceux adhérents au sol
lors de l'aliénation frauduleuse (1) ; avec l'action,
il devrait faire ces restitutions, dans le cas où il
serait de mauvaise foi.

Mais rien ne prouve que dans l'action les créanciers dussent prouver le droit de propriété de leur
débiteur, et dans l'interdit seulement la possession ;
car l'interdit fraudatoire n'a jamais été classé parmi
les interdits possessoires. Et s'il ne se fût appliqué
qu'à la possession, nécessairement il n'eût été
exercé que relativement à des choses susceptibles
de possession. Or il existe au Digeste un texte, duquel il résulte que l'interdit s'applique à l'aliénation des choses incorporelles. C'est la loi 96, trans-
crite plus haut : Un tuteur, dans une pensée de

____

(1) Dig. loi 25, § 4, liv. XLII, tit. VIII.

fraude, délègue à son créancier le débiteur du pupille. Ce débiteur sera libéré s'il a payé de bonne foi. Si, au contraire, il est complice de la fraude du tuteur, l'interdit fraudatoire lui sera applicable. Et pourtant il s'agit ici d'un droit de créance qui ne peut être susceptible de possession. L'interdit, comme l'action, tranche donc le fond du droit.

CHAPITRE II

DE L'ACTION PAULIENNE DU DIGESTE

SECTION I.

NATURE DE L'ACTION PAULIENNE.

L'action Paulienne est de sa nature *Prétorienne, personnelle, in factum, subsidiaire, arbitraire, pénale ex parte rei, et persécutoire ex parte actoris.*

Prétorienne. — En effet, elle fut introduite par le Préteur pour donner aux créanciers un moyen de faire révoquer les actes accomplis par leur débiteur en fraude de leurs droits. — Ce caractère de l'action Paulienne présente, au point de vue du délai dans lequel elle peut être intentée, un grand intérêt que nous verrons plus tard.

Personnelle. — Une action est personnelle quand elle fait valoir un droit d'obligation que le demandeur prétend avoir contre le défendeur. Et ici le créancier, qui attaque le tiers acquéreur, complice de la fraude de son débiteur, ne lui réclame pas le bien aliéné ; il se fonde sur l'obligation qu'a fait naître, à la charge de ce tiers, soit la fraude, dont il s'est rendu complice, soit l'enrichissement qu'il a réalisé à son préjudice.

Le doute n'est pas possible, l'action Paulienne du Digeste est bien personnelle, car la loi 14 de notre titre applique cette action à la cession d'une action, à la création d'une obligation ; elle est donnée contre ceux-mêmes qui ne possèdent plus :

« Eapropter competit hæc actio et adversus eos qui res non possident, ut restituant, et adversus eos, quibus actio competit, ut actione cedant (1). »

D'autres textes confirment cette opinion : dans la loi 38, au Digeste, *de usuris et fructibus*, Paul examine en général quand la condamnation aux fruits peut avoir lieu dans les actions personnelles, et il ajoute au § 4 :

« In Faviana quoque actione et *Pauliana*, per quam quæ in fraudem creditorum alienata sunt revocantur, fructus quoque restituuntur (2). »

In factum. — L'action Paulienne est une action *in factum*, parce que la formule est conçue *in factum* : le Préteur ne soumet pas directement au juge a question de droit : il pose en question les faits allégués par le demandeur : y a-t-il eu fraude commise par le débiteur ? y a-t-il complicité du tiers ? et il attache à la solution affirmative la conséquence d'une condamnation.

(1) Dig. loi 14, liv. XLII, tit. VIII.
(2) Dig. loi 22, tit. I, pr. et § 4, de usuris et fructibus.

L'action réelle des Institutes, que nous étudierons plus loin, est *fictive,* car elle suppose que l'aliénation, dont se plaint le demandeur, n'a pas eu lieu, que la chose livrée par le débiteur n'a réellement pas été aliénée, qu'elle est toujours restée dans son patrimoine.— Ce caractère ne peut appartenir à l'action du Digeste, qui reconnaît bien la validité de l'acte, mais tend à le mettre à néant.

Subsidiaire. — L'action Paulienne, ne pouvant être intentée qu'après discussion préalable des biens du débiteur, est nécessairement subsidiaire. Ce n'est en effet qu'après cette discussion qu'on pourra savoir si l'acte attaqué a pu porter préjudice aux créanciers.

Arbitraire. — L'action Paulienne est une action dans laquelle la condamnation n'aura lieu qu'autant que le défendeur n'aura pas exécuté la satisfaction ordonnée par le Juge. C'est le *jussus* ou l'*arbitrium*.

Si le défendeur fournit la satisfaction, il évite la condamnation. S'il la refuse, il est condamné à une somme d'argent équivalente à l'intérêt qu'avaient les créanciers au rétablissement de l'intégralité du patrimoine de leur débiteur. Cet intérêt, cette indemnité pécuniaire était calculée d'après le *jusjurandum actoris in litem,* quand le défendeur était de mauvaise foi ; s'il était de bonne foi, c'était le Juge qui l'établissait. — Si l'exécution du *restituat* du Juge pouvait être pratiquée, elle avait lieu *manu militari*.

Deux lois du Digeste, à notre titre, indiquent ce caractère de l'action Paulienne :

« Ex his colligi potest, ne quidem portionem emptori reddendam ex pretio. Posse tamen dici, eam rem apud arbitrum ex causa animadvertendam, ut si nummi soluti in bonis exstent, jubeat eos reddi (1). »

« Ideoque absolvi solet reus, si restituerit (2).»

Il résulte de ces textes que le Juge peut ordonner aux créanciers de restituer le prix de l'acquisition, si le débiteur en est encore détenteur, — il y a lieu par conséquent à un *arbitrium* du Juge.

Pénale unilatérale. — L'action Paulienne est *rei persecutoria* à l'égard du demandeur ; elle ne lui procure pas un bénéfice, mais seulement la réparation du préjudice qu'il a subi. — Elle est *pénale* à l'égard du défendeur, puisque tout complice de la fraude peut être condamné au delà de son enrichissement et même quand il n'en a tiré aucun profit. — Elle rétablit simplement les choses dans leur état antérieur, à l'égard du demandeur, et elle appauvrit le défendeur.

Ce caractère de pénalité a fait commettre aux Jurisconsultes romains une iniquité : l'action révo-

(1) Dig. loi 8, liv. XLII, tit. VIII.
(2) Dig. loi 25, § 1, liv. XLII, tit. VIII.

catoire n'est pas donnée contre les héririers du défendeur. Pour les actions pénales ordinaires, il est
fort juste qu'elles soient personnelles à celui qui les
a causées et qu'elles ne puissent être poursuivies
contre les héritiers. Une peine corporelle, une
amende, ne doivent frapper que l'auteur du délit ;
mais ici il n'en devait pas être de même. Les héritiers sont les continuateurs de la personne du défunt et succèdent à ses obligations passives ; ils
auraient dû être tenus de la réparation du préjudice
causé par leur auteur.

D'ailleurs cette règle, échappée à la logique ha-
bituelle des Romains, ne s'appliquait que quand
l'auteur de la fraude venait à mourir avant la *litiscontestatio* ; car de la *litiscontestatio*, il naît
une obligation *quasi ex contractu*, qui passe aux
héritiers de l'obligé.

SECTION II.

CONDITIONS D'EXERCICE DE L'ACTION PAULIENNE.

L'exercice de l'action Paulienne suppose :

1° *Préjudice* causé aux créanciers par la diminution du gage qu'ils ont sur les biens de leur débiteur : c'est l'*eventus damni*.

2° *Fraude* de la part du débiteur, c'est-à-dire conscience de son insolvabilité causée ou augmentée par l'acte dont on demande la révocation : c'est le *consilium fraudis*.

Ces deux conditions sont exigées par la loi 79 du titre *de diversis regulis juris antiqui* :

« Fraudis interpretatio semper in jure civili non ex eventu duntaxat, sed ex consilio quoque desideratur (1). »

A l'égard des tiers acquéreurs, qui ont également pris part à l'acte attaqué, nous verrons que les conditions exigées, pour qu'ils puissent être eux-mêmes atteints par l'action, seront différentes, selon que nous serons en présence d'actes à titre gratuit ou d'actes à titre onéreux.

(1) Dig. loi 79, liv. L, tit. XVII.

§ 1.

Préjudice : Eventus damni.

Le préjudice ne peut exister que s'il ne reste plus dans le patrimoine du débiteur des ressources suffisantes pour désintéresser ses créanciers.

L'intention de frauder ses créanciers, en faisant un acte quelconque, n'aura point pour conséquence la révocation de cet acte du débiteur, si par ailleurs cette fraude ne peut nuire à ses créanciers. — Ce résultat sera connu par la vente des biens du débiteur. Les créanciers se feront envoyer, par le préteur, en possession de ses biens, puis ils procéderont à la vente en masse. Si le prix obtenu ne permet pas le payement intégral de leurs créances, l'insolvabilité sera certaine et le préjudice aura été causé : l'action pourra être intentée.

Les textes du Digeste et du Code ne laissent aucun doute à cet égard :

« Ita demum revocatur quod fraudandorum creditorum causa factum est, si eventum fraus habuit : scilicet si hi creditores quorum fraudandorum causa fecit, bona ipsius vendiderunt (1). »

« Si igitur in fraudem tuam id fecerit : bonis ejus excussis, usitatis actionibus (si tibi negotium gestum fuerit) ea quæ in fraudem alienata probabuntur, revocabis (2). »

---

(1) D. loi 10, § 1, liv. XLII, tit. VIII.
(2) C. loi 1, liv. VII, tit. LXXV.

Seuls les créanciers, qui ont subi un préjudice, *fraus eventum habuit*, peuvent se prévaloir de cette action ; mais pour naître au profit de tous, il suffit qu'elle soit accordée à l'un d'eux.

Il est nécessaire aussi que l'insolvabilité existe encore au moment où l'action est intentée. Si de nouveaux biens advenaient au débiteur, ses créanciers n'auraient plus intérêt à agir, puisqu'ils trouveraient dans le patrimoine, qui est leur gage, des biens suffisants pour les satisfaire.

§ 2.

Fraude : Consilium fraudis.

Le préjudice, quelque considérable qu'il soit, ne suffit pas pour permettre d'intenter l'action Paulienne. Les créanciers devront prouver l'intention frauduleuse chez leur débiteur, c'est-à-dire la connaissance du préjudice qu'il allait causer :

« Fraudis interpretatio semper in jure civili non ex eventu duntaxat sed ex consilio quoque desideratur (1). »

« Prævaluisse tamen videtur nisi animum quoque fraudandi manumissor habuerit, non impediri libertatem, quamvis bona ejus creditoribus non sufficiant (2). »

Mais en quoi consiste ce *consilium ?*

(1) Dig. loi 79, liv. L, tit. XVII.
(2) Inst. Justinien, liv. I, tit. VI, § 3.

Faut-il que le débiteur ait eu l'intention de nuire à ses créanciers et de leur causer un dommage ? Assurément non. Il suffit qu'on établisse que le débiteur savait que l'acte accompli allait faire naître ou accroître son insolvabilité.

Sur ce point Julien ne nous laisse aucun doute par l'exemple qu'il cite : Lucius Titius, qui a des créanciers, donne l'universalité de ses biens à ses affranchis, qui sont en même temps ses enfants naturels :

« Quamvis non proponatur consilium fraudandi habuisse, tamen qui creditores habere se scit, et universa bona sua alienavit, intelligendus est fraudandorum creditorum consilium habuisse (1). »

Ici il n'y a pas précisément le *consilium fraudis*, mais le débiteur devait se rendre compte que de son acte, de la donation de tous ses biens, allait résulter un préjudice pour ses créanciers.

Il faut donc de la part du débiteur l'ignorance du préjudice causé, pour qu'il soit de bonne foi. — Alors il semble presque impossible, du moins bien rare, que cette hypothèse puisse se présenter ? Justinien veut en fournir un exemple, aux Institutes :

« Souvent on attend de sa fortune plus de ressource qu'elle n'en peut offrir. »

Et Théophile, dans sa paraphrase, donne un autre exemple :

« Un homme avait pour mille écus de biens et

---

(1) Dig. loi 17, § 1, liv. XLII, tit. VIII.

en devait quatre cents; il a quitté sa patrie; et ensuite, sa maison ayant été brûlée ou détruite, il a éprouvé une si grande perte que le montant de ses biens n'a plus été que de trois cents écus. Ignorant encore la diminution de son patrimoine, il a affranchi, pour les récompenser de leur dévouement, quelques esclaves qui valaient cent écus. Dans ce cas, il n'y a pas intention frauduleuse, mais l'événement préjudicie aux créanciers, le reste des biens du débiteur ne suffisant pas pour remplir les créanciers de ce qui leur dû. Et en effet il croyait avoir un patrimoine assez considérable pour acquitter toutes ses dettes ; et voilà pourquoi il a affranchi ses plus dévoués esclaves, prouvant parfaitement qu'il n'avait aucune intention frauduleuse. Pour l'*Eventus* il a été très malheureux, parce que sa fortune n'a pas, comme il le croyait, excédé ses dettes (1). »

Le *consilium fraudis* existant à l'égard d'un seul créancier suffira pour faire naître le droit à l'action en faveur de tous les autres.

Mais si un créancier a donné son consentement à l'acte attaqué, il a par là même renoncé virtuellement au droit de se plaindre :

« Nemo enim videtur fraudare eos qui sciunt et consentiunt (2). »

(1) Théophile. Paraphrase des Institutes, liv, I, tit. VI.
(2) Dig. l. 6, § 9, h. t.

Il est un cas où, la fraude n'existant pas chez le débiteur, l'action Paulienne est cependant possible : c'est celui où la fraude a été commise par un tuteur ou un curateur. Quoique l'incapable soit de bonne foi, l'acte sera révoqué ; car il ne serait pas juste que les créanciers fussent à la merci du tuteur qui pourrait impunément compromettre leurs intérêts ; il faut, dit Ulpien, que le tuteur, quel qu'il soit, agisse de bonne foi « fidem exhibere debet. » — L'action sera intentée et le tiers contractant n'aura de recours que contre le tuteur.

« Et si quæ in fraudem debitorum (creditorum), quamvis pupilli liberti gesta sunt, revocari jus publicum permittit (1). »

Il n'y a pas lieu à l'action Paulienne, lorsque le débiteur, pour obéir à un devoir de conscience, fait un acte qu'il sait pourtant devoir causer ou accroître son insolvabilité : un père chargé par sa femme de remettre, après sa mort, sa succession à leur fils commun, a remis de son vivant à ce fils émancipé la succession de sa mère, sans retenir la quarte Falcidie. Papinien ajoute :

« Plenam fidem, ac debitam pietatem secutus exhibitionis, respondi non creditores fraudasse (2). »

L'action ne saurait non plus être exercée dans l'hypothèse où le fils de famille, chargé de l'admi-

(1) Dig. loi 8, liv. XXVI, tit. I.
(2) Dig. loi 19, h. t.

nistration d'un pécule, consent un acte frauduleux.
L'administration que lui a confiée le père de famille n'a pu aller jusqu'à l'autoriser à faire des
actes frauduleux et il n'est pas nécessaire d'avoir
recours à l'action Paulienne. Les créanciers auront
contre le père l'action *de peculio*. — Cependant
si le père avait donné son autorisation à l'acte et
qu'il fût lui-même insolvable, il y aura lieu à l'action.

§ 3.

Complicité des tiers dans la fraude.

Après avoir examiné les conditions exigées dans
la personne du débiteur, nous abordons celles re-
quises dans la personne des tiers qui ont contracté
avec le débiteur.

Ces conditions varieront suivant que l'acte attaqué sera un acte à titre onéreux ou à titre gratuit.

L'acte est-il à titre onéreux ?— On exige alors
la complicité du tiers dans la fraude, pour que
l'action soit donnée contre lui. Et c'est avec raison ;
car la situation de ce tiers est aussi respectable
que celle des créanciers, tous *certant de damno
vitando*, et nous savons que « *in pari causa possessor potior haberi debet* (1). »

(1) Dig. loi 128, liv. L, tit, XVII.

L'acte est-il à titre gratuit? — L'action est donnée contre le tiers, même s'il est de bonne foi. Il ne peut se faire un bénéfice de la perte injustement subie par les créanciers. Ceux-ci, qui *certant de damno vitando*, doivent lui être préférés, à lui, qui *certat de lucro captando*; mais la bonne foi n'aura pas été inutile; il ne sera tenu alors que « *quatenus locupletior factus est* (1). »

Cette distinction ressort très clairement des textes du Digeste. Dans un premier, Ulpien pose la règle générale : une action est donnée pour faire révoquer tout ce qui aura été fait par un débiteur, en fraude de ses créanciers, avec quelqu'un qui aura eu connaissance de la fraude :

« Quæ fraudationis causa gesta erunt, cum eo qui fraudem non ignoraverit (2). »

Plus loin le même jurisconsulte admet une exception. Dans le cas d'un acte à titre gratuit, d'une donation, il n'y a plus à rechercher si le tiers a eu connaissance de la fraude :

« Simili modo dicimus, et si cui donatum est, non esse quærendum an sciente eo cui donatum, gestum sit : sed hoc tantum, an fraudentur creditores (3). »

A quelles conditions le tiers acquéreur à titre

(1) Dig. loi 10, § 14, h. t.
(2) Dig. loi 1, h. t.
(3) Dig. loi 6, § 11, h. t.

onéreux sera-t-il constitué complice de la fraude du *fraudator?*

Il ne sera pas nécessaire de prouver contre lui l'intention même de frauder les créanciers. Il suffira qu'il ait su que son co-contractant avait des créanciers et que l'acte, qu'il consentait, allait leur porter préjudice, en causant ou augmentant l'insolvabilité de leur débiteur. La simple connaissance de sa part de l'existence de créanciers ne serait pas assez, parce que ce tiers aurait pu croire que l'actif du débiteur dépassait son passif; mais il suffit qu'il sache être en faute à l'égard d'un seul créancier pour donner ouverture à l'action en faveur des autres :

« Illud certi sufficit, etsi unum scit creditorem fraudari, cœteros ignoraverit, fore locum actioni (1); »

et dans le cas où ce créancier aurait été désintéressé après l'action intentée par lui, les autres créanciers auraient néanmoins le droit d'agir en révocation.

Si au moment de traiter, les créanciers avaient sommé le tiers de ne le point faire, et qu'il eût contracté, au mépris de cette défense, il ne serait point exempt de fraude :

« Non enim caret fraude, qui conventus testatò perseverat (2). »

(1) Dig. loi 10, § 7, h. t.
(2) Dig. loi 10, § 3, h. t.

Quelquefois, bien que l'acte attaqué soit à titre onéreux, l'action est dirigée contre certaines personnes de bonne foi, du moins dans la limite de leur enrichissement. C'est le cas où le tiers de bonne foi est un incapable et que le tuteur ou le curateur s'est rendu coupable de la complicité frauduleuse :

« Et putem hactenus istis nocere conscientiam tutorum vel curatorum, quatenus quid ad eos pervenit (1). »

Si le tiers est un esclave ou un fils de famille, mais de mauvaise foi, les créanciers auront contre le maître ou le père l'action révocatoire, outre l'action *de peculio* ou *de in rem verso.*

Quid dans le cas où le tiers qui a traité avec le débiteur *fraudator* est un pupille qui a figuré dans l'acte *sine auctoritate tutoris?*

Cette hypothèse est prévue par Ulpien :

« Si quid cum pupillo gestum sit in fraudem creditorum, Labeo ait omnimodò revocandum, si fraudati sint creditores : quia pupilli ignorantia, quæ per ætatem contingit, non debet esse captiosa creditoribus et ipsi lucrosa. Eoque jure utimur (2). »

Les mots du texte *quia pupilli ignorantia non debet ipsi lucrosa,* ont fait dire à Pothier que ce

(1) D. loi 10, § 5, h. t.
(2) D. loi 6, § 10. h. t.

paragraphe ne s'applique qu'au cas d'actes à titre gratuit (1).

Doneau, avec beaucoup plus de raison, y voit une décision générale (2).

Le jurisconsulte romain ne distinguant pas lui-même, nous ne pouvons faire autrement. L'acte à titre onéreux, fait par le pupille, même de bonne foi, donnera lieu à l'action Paulienne contre lui, *quatenus locupletior factus est*. Et en effet, s'il s'agissait, dans le texte, d'une donation, comme le prétend Pothier, il serait inutile de supposer que le tiers est un pupille, puisque tout donataire est tenu de l'action. Enfin Ulpien ne commence à s'occuper des actes à titre gratuit qu'à partir du § 11 de la loi 6 : *simili modo dicemus et si cui donatum est...* c'est donc que dans les passages antérieurs il s'occupait des actes à titre onéreux.

Nous avons vu, avec la loi 10 § 5, le cas où la fraude ayant été commise par le tuteur, mandataire légal du pupille, celui-ci est tenu dans la mesure de son enrichissement. Venuleius, dans la loi 25 § 3, semble donner une solution contraire lorsqu'il s'agit d'un mandataire conventionnel.

Un mandataire contracte avec le débiteur ; il est complice de la fraude, mais le mandant est de bonne foi. Venuleius décide que l'action révoca-

<hr>

(1) Pothier, *Pandectes*, h. t., n° 12.
(2) Doneau, *Droit civil*, ch. XXIII.

toire sera donnée contre le mandataire et non contre
le mandant :

« Si procurator, ignorante domino, cùm sciret
debitorem ejus fraudandi cepisse consilium, jussit
servo ab eo accipere : hac actione ipse tenebitur,
non dominus (1). »

La contradiction entre ces deux textes n'est
qu'apparente, et nous pensons que le mandant est
tenu dans la même limite que le pupille. — Le
mandataire sera tenu *in solidum* et le mandant *in
id quod ad eum pervenerit*. Et c'est cette différence entre le mandant et le mandataire que Venuleius a voulu faire ressortir ; surtout à cause de
cette particularité que le mandataire est tenu bien
qu'il ne retire aucun profit de l'acte.

Le caractère gratuit ou onéreux de l'acte est
donc d'une grande importance, et presque toujours
il sera facile de le reconnaître. Cependant il est
une hypothèse qui ne présente pas cette certitude et qui divise les commentateurs du droit
Romain :

*La constitution de dot est-elle un acte à titre
gratuit ou à titre onéreux ?*

Soit une jeune fille dotée. — Il faut d'abord admettre que le constituant est de mauvaise foi, pour
qu'il y ait lieu à l'action Paulienne. Mais faut-il que

(1) D. loi 25, § 3, h. t.

le mari ait reçu la dot de mauvaise foi ? — que la femme soit complice de la fraude du constituant?

A l'égard du mari, le doute n'est pas possible : la constitution de dot est à titre onéreux ; il faut qu'il soit de mauvaise foi pour que l'action puisse être donnée contre lui. Il a reçu la dot pour faire face aux charges du mariage, qu'il n'aurait peut-être pas contracté sans ce profit :

« Cùm is indotatam uxorem ducturus non fuerit (1), »

dit un peu brutalement le jurisconsulte Venuleius.

Le mari est assimilé à un créancier, qui a reçu de bonne foi de son débiteur, le payement de ce qui lui est dû :

« In maritum qui ignoraverit non dandam actionem, non magis quam in creditorem qui a fraudatore quod ei deberetur acceperit (2). »

Quant à la femme, la question a dû être discutée chez les Romains, puisque Venuleius, dans la loi 25, dit : *quidam existimant*, mais l'opinion qui prévalut est celle qui prétend que la constitution de dot est un acte à titre gratuit.

Cette solution est parfaitement conforme à l'esprit du droit romain, en matière de dot et de mariage. — Les charges du mariage regardaient le mari seul, qui était *dominus dotis* ; la dot était sa propriété. Après la dissolution du mariage, les

(1) D. loi 25, § 1, in fine, h. t.
(2) D. loi 25, § 1, in fine, h. t.

enfants appartenaient à la famille du père, qui seul en avait la charge; ils ne faisaient jamais partie de la famille de leur mère. — La restitution de la dot était assurée à la femme pour qu'il lui fût possible de trouver à se remarier.

Rien donc n'indique que la femme eût la moindre charge à supporter; il en faut donc conclure qu'à son égard la constitution de dot avait bien le caractère de gratuité.

Et tel paraît être l'avis de Venuleius : si le mari et la femme ont connu l'intention du *fraudator*, ils seront soumis tous deux à l'action révocatoire. Et il ajoute :

« At si neuter scierit, quidam existimant nihilominus in filiam dandam actionem, quia intelligitur quasi ex donatione aliquid ad eam pervenisse » (1).

C'est pour ainsi dire une donation qui a été faite à la femme ; c'est donc un acte à titre gratuit.

Si cette opinion n'avait pas été l'opinion dominante, Venuleius certainement se fût expliqué et aurait donné des détails, qui font complètement défaut. — Car nous ne pouvons accepter comme exprimant l'avis de ce jurisconsulte, en sens contraire de celui que nous lui attribuons, le texte du § 2 de la même loi :

« Item si extraneus filiæfamilias nomine fraudandi causa dotem dederit, tenebitur maritus si

____

(1) D. loi 25, § 1, h, t.

scierit ; æque mulier nec minus et pater si non ignoraverit ; ita ut caveat, si ad se dos pervenerit, restitui eam. »

Voici quel est l'argument des commentateurs qui ont embrassé l'opinion que nous combattons : pour le père et le mari, la complicité frauduleuse est exigée, et Venuleius assimile la femme au père et au mari : « *æque mulier*, » en sous-entendant *si scierit*; donc la femme ne peut être soumise à l'action Paulienne que si elle a eu connaissance de la fraude.

Mais pour donner ce sens au texte, il est nécessaire d'y ajouter les mots : *si scierit*; sans eux, il ne peut avoir le sens qu'on lui attribue. Que dit-il en effet ? — Que la complicité du mari et celle du *paterfamilias* de la femme *alieni juris* est nécessaire et rien de plus, il n'exige pas la complicité de la femme elle-même.

Les partisans du système adverse insistent et prétendent que la solution qu'ils donnent est commandée par le fond de la décision de la loi 25 :

« Une femme *filiafamilias* ayant été dotée par un *extraneus* et la dot, à la dissolution du mariage, ayant été restituée au *paterfamilias* de cette femme, les créanciers de l'*extraneus fraudator* ne pourront exercer l'action Paulienne contre le *paterfamilias* qu'autant que celui-ci a été complice de la fraude, et cependant le *paterfamilias* de la femme reçoit la dot sans donner aucun équivalent. Si cette circonstance, qu'il ne fournit aucun équivalent pour la dot, dont il bénéficie, n'empêche pas le *paterfamilias* de la femme d'être considéré comme acquérant la dot à titre onéreux, de manière à n'être soumis à l'action Paulienne que s'il y a de sa part complicité de la fraude ; cette même circonstance qu'elle ne fournit aucun équivalent pour la dot qu'elle reçoit, ne doit pas davantage empêcher la femme d'être considérée comme acquérant la dot à titre onéreux. »

Tout spécieux que puisse paraître cet argument, il ne saurait être décisif. — En effet le père est considéré comme acquérant à titre onéreux la dot, qui lui est restituée, parce que cette restitution ne lui est faite qu'à la charge de la rendre à la femme, si elle se remarie (1).

Et encore la loi 25 § 2 prévoit une hypothèse toute particulière : celle d'une action Paulienne qu'il s'agit d'exercer pendant le mariage. Que doivent alors obtenir les créanciers contre le paterfamilias : « *ut caveat si ad se dos pervenerit ad restitui eam?* » — S'ils ne peuvent que contraindre le père à leur donner caution de rendre la dot dans le cas où elle lui parviendrait, c'est donc que cette dot n'est pas entre ses mains, et que le mariage existe encore. Alors il est tout naturel que pendant le mariage, l'action révocatoire ne puisse être donnée contre le père que s'il est complice de la fraude.

______

(1) M. Tambour. *Des Voies d'exécution*, p. 277. — M. Guillouard, Thèse de doctorat, p. 70.

En effet, les tiers ne peuvent être soumis à l'action que dans deux cas : ou lorsqu'ils ont tiré un profit de l'acte, et pendant le mariage, le père n'a pu retirer ce profit ; — ou bien lorsqu'ils ont été complices de la fraude. C'est le seul cas possible contre le père.

Telle est la situation du père. — Celle de la femme est toute différente. Même pendant le mariage, elle retire un profit personnel et gratuit de la dot, quoique celle-ci appartienne au mari, et l'action Paulienne peut être exercée contre elle, sans qu'il soit nécessaire d'invoquer sa complicité à la fraude.

Après la dissolution du mariage cette différence entre le *paterfamilias* et la femme n'existe plus, puisque la dot, étant restituée au père, celui-ci en retire un profit, qui permettra d'agir contre lui, sans qu'il soit nécessaire de prouver sa complicité à la fraude.

La femme, complice de la fraude, ne pourra évidemment restituer la dot aux créanciers puisqu'elle n'en est plus propriétaire, mais elle promettra de la restituer après la dissolution du mariage, en leur cédant son action *rei uxoriæ*.

SECTION III.

Tout ce qui aura été fait par un débiteur en fraude de ses créanciers tombe sous l'application de l'action Paulienne :

« Quæ fraudationis causa gesta erunt (1), » dit le Préteur dans son édit.

Cette disposition est générale, elle s'étend à tous les actes, qu'ils contiennent aliénations ou obligations.

Lorsque le débiteur, sans diminuer son patrimoine, aura négligé de l'augmenter, il ne sera pas soumis à l'action ; c'est une exception à la règle ; mais tous les actes tendant à diminuer le patrimoine, soit par des actions, soit par des inactions, donneront ouverture à l'action révocatoire :

« In fraudem facere videri etiam, eum qui non facit quod debet facere intelligendum est (2). »

Nous nous occuperons d'abord du principe contenu dans l'édit, nous passerons ensuite aux exceptions.

(1) Dig. loi 1, pr. h. t.
(2) Dig. loi 4, pr. h. t.

§ I.

Règle générale ; actes soumis à l'action

Actes par lesquels le débiteur diminue son patrimoine

Les cas nombreux qui se présentent peuvent tous être compris dans deux catégories : l'une relative aux faits actifs émanés du débiteur ; l'autre relative à ses inactions.

Des faits actifs

I. *Aliénations.* — Ce terme est général et comprend tous les actes faisant sortir un bien du patrimoine.

Il n'y a pas lieu de distinguer entre les aliénations à titre onéreux et les aliénations à titre gratuit. Au cas d'aliénation gratuite, il est évident que les créanciers subissent un préjudice. — Au cas d'aliénation onéreuse, il ne semble pas, au premier abord, que ce préjudice existe ; car si le débiteur transmet son bien, il reçoit quelque chose en compensation, un prix, par exemple. Mais il peut arriver que ce prix soit inférieur à la valeur du bien aliéné et le gage des créanciers se trouvera par là même diminué. Ou bien cette aliénation, sérieusement compensatoire, aura pour but de faciliter au débiteur la disparition ou la dissipation du prix, qui échappera ainsi aux créanciers : ceux-ci auront donc subi un préjudice.

Parmi les modes d'aliénation, il est bon de remarquer l'exemple qui nous est fourni par la loi I au Code :

« Heres qui post aditam hereditatem ad eum, cui res cessit, corpora hereditaria transtulit, creditoribus permansit obligatus. Si igitur in fraudem tuam id fecerit : bonis ejus excussis, usitatis actionibus (si tibi negotium gestum fuerit) ea quæ in fraudem alienata probabuntur, revocabis (1). »

Un héritier, après adition, consent la cession de l'hérédité. Malgré cette cession, il n'en conserve pas moins la qualité d'héritier, qualité qu'il ne peut plus abdiquer après l'adition : *semel heres, semper heres.* Le cessionnaire acquiert bien les objets de l'hérédité, mais individuellement ; et les créances, ne pouvant faire l'objet d'un transport, d'après le droit civil, le cessionnaire ne peut poursuivre les créanciers héréditaires. — D'un autre côté, l'héritier cédant, par la cession, ayant manifesté l'intention de rester étranger à la succession, ne peut plus agir lui-même. Et pourtant il peut être poursuivi par les créanciers héréditaires, puisqu'il reste toujours héritier. — Cette situation est incontestablement onéreuse et si elle est frauduleuse, elle tombe sous le coup de l'action Paulienne.

II. *Obligations contractées.* — Les aliénations diminuaient l'actif du débiteur, les obligations, que

(1) *Code*, loi 1, liv. VII, tit. LXXV.

nous allons examiner, tendent à une augmentation du passif.

Un débiteur, dans le but de diminuer le gage de ses créanciers, s'engage envers d'autres, soit comme débiteur principal, soit comme fidéjusseur ; il cautionne un insolvable, achète à des prix exagérés... En augmentant ainsi la masse de ses créanciers, il augmente le nombre de ceux qui auront à concourir sur le prix de ses biens : il aura porté frauduleusement préjudice à ses créanciers, et l'action Paulienne sera admise.

Quid de l'acceptation frauduleuse d'une hérédité insolvable? Incontestablement le *fraudator* aura augmenté frauduleusement le nombre de ses créanciers et diminué la part de chacun d'eux; l'action révocatoire semblerait pouvoir être exercée. La loi I, *de separationibus*, ne permet pas cette solution

On a demandé si les créanciers de l'héritier ne pouvaient pas au moins, en certains cas, réclamer la distinction des créances, par exemple s'ils prouvent que l'héritier a frauduleusement accepté la succession pour leur faire tort, le Jurisconsulte Ulpien répond :

« Sed nullum remedium est proditum : sibi enim imputent qui cum tali contraxerunt, nisi si extra ordinem putamus prætorem adversus calliditatem ejus subvenire, qui talem fraudem commentus est : quod non facile admissum est (1). »

____

(1) Dig. loi 1, § 5, liv. LXII, tit. VI.

Aucune explication satisfaisante n'a pu être donnée d'une telle décision ; on ne peut l'attribuer qu'à l'importance que les Romains accordaient à une acceptation d'hérédité ; pour eux une question pécuniaire ne pouvait faire fléchir un principe aussi grave.

III. *Libérations de débiteurs.* — Le *fraudator* fait remise de dettes à ses propres débiteurs, soit au moyen d'une *acceptilatio*, soit au moyen du pacte *de non petendo*. Ne recevant rien comme équivalent des droits de créance qu'il abandonne, il diminue le gage de ses créanciers, qui auront alors recours à l'action Paulienne pour contraindre les débiteurs libérés à reprendre leur obligation primitive.

Ulpien, dans la loi 10, § 14, fait une application de ce principe : une femme, qui a l'intention de frauder ses créanciers, se marie à un de ses débiteurs, et lui fait remise de sa dette, pour que la somme due lui tienne lieu de dot.

« Nec mulier de dote habet actionem ; neque enim dos in fraudem creditorum constituenda est (1). »

L'effet de l'action sera de rétablir en son premier état l'obligation du mari que l'acceptilation avait éteinte.

____

(1) Dig. loi 10, § 14, h. t.

IV. *Remises de sûretés.*—Le débiteur fait remise à son propre débiteur du gage qui lui avait été consenti.—Il est bien vrai qu'il ne se dépouille pas de son patrimoine; mais que le débiteur, libéré du gage, soit insolvable, par exemple, le droit de créance contre lui, bien que demeuré intact, n'en sera pas moins nul ou presque nul; le dividende, qui pourra en être retiré, sera diminué; tandis qu'en conservant le gage, le débiteur se fût assuré du remboursement intégral de sa créance. Il a donc diminué son patrimoine, et il sera passible de l'action révocatoire, s'il a agi frauduleusement :

« Idem erit probandum, et si pignora liberet (1). »

« Idemque est si quivis debitorum in fraudem creditorum pignus emiserit (2). »

Une application intéressante de deux principes différents, mais non contradictoires, est fournie par Papinien dans la loi 18 : Si le mari fait remise à sa femme, ou la femme à son mari, d'un gage que l'un avait reçu de l'autre, il est plus vrai de penser que cette remise ne forme pas de donation entre eux. Si cependant cette remise se fait en fraude des créanciers, il est certain qu'elle sera annulée :

« Nullam fieri donationem.... sine dubio, si in fraudem creditorum fiat, actione utili revocabitur (3). »

<hr>

(1) Dig. loi 2, h. t.
(2) Dig. loi 18, *in fine*, h. t.
(3) Dig. loi 18, *in principio*, h. t.

Premier principe. — Pour qu'il y eût donation, il fallait que le conjoint donateur eût fait sortir quelque chose de son patrimoine pour le faire entrer dans celui de son conjoint donataire. — Dans notre espèce, il n'y a donc pas une véritable donation, et partant, la remise n'est pas nulle, parce que cette remise de gage n'enrichit pas le débiteur, la dette restant entière ; et encore le créancier ne se dépouille pas d'une façon certaine, puisqu'il pourra peut-être reprendre dans le patrimoine de l'époux débiteur ce qui lui est dû.

La remise ne sera donc pas nulle comme donation entre époux. Mais le second principe sera applicable : —Tout acte frauduleux, qui peut diminuer le gage des créanciers, est soumis à l'action.

La même solution, nullité de l'acte frauduleux, est donnée en cas de désistement; par exemple : une personne a recours à l'action rédhibitoire accordée par les Édiles, dans l'intention de frauder ses créanciers, et fait reprendre au vendeur un esclave qu'elle ne lui aurait pas rendu sans cette intention (1). — Par cet acte un préjudice peut être causé aux créanciers, car le *fraudator* devra restituer à son vendeur et les fruits et tout ce qu'a pu acquérir l'esclave : soit legs, soit hérédité :

« Judicium redhibitoriæ actionis quodammodò in integrum restituere debere (2). »

(1) Dig. loi 43, § 7, liv. XXI, tit. I.
(2) Dig. loi 23, § 7, liv. XXI, tit. I.

V. *Préférences accordées à un créancier aux dépens des autres.* — Si un débiteur donne à son créancier un gage pour sûreté d'une obligation antérieure, l'action Paulienne prend naissance au profit des autres créanciers fraudés :

« Si cui solutum quidem non fuerit, sed in vetus creditum pignus acceperit, hac actione tenebitur (1). »

Evidemment la constitution du gage seule sera annulée ; l'obligation restera intacte, puisqu'elle n'est pas frauduleuse. Si le gage avait été donné en même temps que naissait la créance, il ne pourrait plus être attaqué à part, il faudrait faire annuler les deux actes ensemble, car le créancier n'a accepté le contrat que grâce à la garantie qui lui était consentie.

Il est un acte qui a soulevé de vives controverses ; c'est le paiement fait par le débiteur à l'un de ses créanciers, de préférence aux autres. L'action Paulienne lui est applicable; mais dans quels cas et dans quelle mesure ?

1° *Paiement d'une dette échue, effectuée avant l'envoi en possession.* — Le paiement d'une dette échue, fait avant la *missio in posssseionem* est inattaquable par l'action.

Le créancier n'avait pas à se préoccuper de l'état de solvabilité ou d'insolvabilité de son débiteur. Il

(1) Dig. loi 10, § 3, h. t.

avait le droit de réclamer le paiement de ce qui lui
était dû ; et en réclamant ou acceptant ce paiement
il n'a fait qu'user de son droit :

« Nil dolo creditor facit qui suum recipit (1).»

D'un autre côté, le débiteur devait l'effectuer
ou ne pouvait le refuser, puisque le créancier était
en droit de l'exiger ; et les actes forcés ne sont pas
susceptibles de fraude.

Les textes en ce sens sont nombreux :

« Apud Labeonem scriptum est, eum qui suum
recipiat, nullam videri fraudem facere : hoc est,
eum qui quod sibi debetur, receperat. Eum enim
qui præses invitum solvere cogat, impunè non solvere, iniquum esse. Totum enim hoc edictum ad
contractus pertinere, in quibus se prætor non inter-
ponit (2). »

Et plus loin, Ulpien ajoute :

« Sciendum, Julianum scribere, eoque jure nos
uti, ut qui debitam pecuniam recepit, antequam
bona debitoris possideantur : quamvis sciens pru-
densque solvendo non esse recipiat, non timere hoc
edictum : sibi enim vigilavit (3). »

« Si debitorem meum et complurium creditorum
consecutus essem fugientem secum furentem pecuniam et abstulissem ei id quod mihi debeatur placet
Juliani sententia dicentis multum interesse, antequam in possessionem bonorum ejus creditores

(1) Dig. loi 129, pr. liv. L, tit. XVII.
(2) Dig. loi 6, § 6, h. t.
(3) Dig. loi 6, § 7, h, t.

mittantur, hoc factum sit, an postea. Si ante, cessare in factum actionem : si postea, huic locum fore (1). »

Scœvola, à la question qui lui est posée : Si un débiteur, avant la vente de ses biens en justice, me paie, pourra-t-on, par l'action révocatoire, me faire rendre ce que j'ai reçu, ou faudra-t-il distinguer s'il m'a payé volontairement ou si je l'ai forcé à me payer, en sorte qu'on puisse me faire rendre dans le second cas, et qu'on ne le puisse dans le premier ; Scœvola répond :

« Vigilavi, meliorem meam conditionem feci : jus civile vigilantibus scriptum est : ideo quoque non revocatur, id quod percepi (2). »

2° *Paiement d'une dette échue, effectué après l'envoi en possession.* — Après l'envoi en possession, tout paiement qui dépasse le dividende que doit recevoir chaque créancier, est nul : en général, d'ailleurs, ce paiement sera effectué par les *Curatores* désignés pour administrer les biens du débiteur saisi :

« Qui post bona possessa, dit Ulpien, debitum suum recepit, hunc in portionem vocandum, exequandumque cæteris creditoribus : neque enim debuit præripere cæteris post bona possessa, cùm jam par conditio omnium creditorum facta esset (3). »

(1) Dig. loi 10, § 41, h. t.
(2) Dig. loi 24, *in fine*, h. t.
(3) Dig. loi 6, § 7, *in fine*, h. t.

Par l'envoi en possession, les créanciers ont connu l'insolvabilité de leur débiteur, et ils ne peuvent, en acceptant le paiement intégral de ce qui leur est dû, rompre l'égalité qui doit exister entre tous les créanciers.

A ce moment la masse des créanciers acquiert, sur les biens du débiteur, un gage, *pignus prætorium*, et aucun d'eux ne peut porter atteinte à ce gage par l'acceptation d'une part de dividende plus forte que celle qui revient à chacun. Ici, ce n'est plus la fraude qui ferait annuler ce paiement : le débiteur est dessaisi et ne peut consentir de droits à l'encontre de ceux acquis, par dessaisissement, à la masse des créanciers.

3° *Paiement d'une dette non échue, mais dont l'échéance devait arriver avant l'envoi en possession.* — Le paiement lui-même est valable, mais le créancier poursuivi devra rendre à ses co-créanciers l'*interusurium*, c'est-à-dire les intérêts de la somme payée, depuis le jour du paiement jusqu'à celui de l'échéance. — C'est là le seul préjudice causé aux autres créanciers et c'est la seule réparation qui leur soit due. — Il n'est pas besoin de prouver une fraude quelconque, car le bénéfice que le créancier aurait pu retirer, n'eût été qu'un bénéfice gratuit ; pour cet *interusurium*, il n'eût été qu'un donataire.

Les textes confirment ces solutions :

« Si cum in diem mihi deberetur, fraudator

præsens solverit, dicendum erit, in eo quod sensi commodum in repræsentatione, in factum actioni locum fore. Nam prætor fraudem intelligit etiam in tempore fieri (1)

4° *Paiement d'une dette non échue et dont l'échéance devait arriver après l'envoi en possession.* — Si ce créancier n'avait été payé qu'après l'échéance, il n'aurait reçu qu'un dividende ; il devra donc être considéré comme un donataire pour toute la différence entre ce dividende et la somme payée, plus l'*interusurium* depuis le jour où il a reçu jusqu'à celui de l'échéance.

Les textes n'ont point prévu cette hypothèse, mais les principes généraux conduisent à cette solution, qui a beaucoup d'analogie avec le cas prévu par la loi 6, § 7, h. t.

Il nous semble impossible d'assimiler au paiement la *datio in solutum*. Au fond la *datio in solutum* est une vente et les créanciers seront admis à la faire annuler par l'action Paulienne, si elle remplit les conditions exigées.

Des inactions

Ce n'est pas seulement par ses actes que le débiteur peut réussir à frauder ses créanciers ; par

(1) Dig. loi 10, § 12, h. t. — Voir un autre cas, particulier à la restitution de dot, qui donne une solution analogue. Dig. loi 17, § 2, h. t.

des inactions, il peut arriver à diminuer son patrimoine. Nous sommes loin du sévère formalisme du droit civil ; cependant le Préteur n'a pas craint de frapper de pareilles fraudes :

« In fraudem facere videri etiam eum, qui non facit quod debet facere intelligendum est » (1) dit le jurisconsulte Paul.

« Gesta fraudationis causa accipere debemus, non solum ea quæ contrahens gesserit aliquis, verum etiam si forte data opera ad judicium non adfuit, vel litem mori patiatur, vel a debitore non petit ut tempore liberetur, aut usumfructum vel servitutem amittit (2). »

Nous devons arrêter notre attention aux quelques espèces intéressantes présentées par Ulpien dans ce dernier texte.

1° Un débiteur subit un procès ; après s'être présenté devant le magistrat, *in jure* ; après qu'il y a eu *litiscontestatio*, il fait défaut, *in judicio*, et se fait condamner, alors qu'en faisant valoir des moyens de défense, il eût pu gagner son procès : « *Si forte data opera ad judicium non adfuit* » ; — les créanciers peuvent faire révoquer les conséquences de cette inaction frauduleuse.

2° Le *fraudator*, demandeur dans une instance, la laisse périmer, alors qu'il pouvait facilement faire condamner le défendeur : « *vel litem mori patiatur.* » — On sait, qu'à l'époque classique,

(1) Dig. loi 4, h. t.
(2) Dig. loi 3, § 1, h. t.

le délai de l'instance, entre la délivrance de la formule et la sentence, était de dix-huit mois, s'il s'agissait d'un *judicium legitimum* et d'un an, s'il s'agissait d'un *judicium imperio continens.*

3° Un débiteur a contre des tiers une action prétorienne, qui n'est que temporaire. Au lieu d'agir, il laisse s'écouler les délais (un an à l'époque classique, trente ans sous Justinien), et les tiers se trouvent libérés : « *vel a debitore non petit ut tempore liberetur.*» Par là, un préjudice est causé aux créanciers qui peuvent faire annuler la négligence frauduleuse de leur débiteur.

4° Si un débiteur laisse s'éteindre, par le non-usage, un usufruit ou une servitude : « *aut usumfructum vel servitutem amittit* », il diminue incontestablement son patrimoine, et ses créanciers ont le droit de se plaindre de cette fraude.

De même s'il laisse s'accomplir l'usucapion d'un fonds qui lui appartient et qui est possédé par un tier

§ 2.

Exemptions : Actes non soumis à l'action

Actes par lesquels le débiteur néglige d'augmenter son patrimoine

Lorsque le débiteur a seulement négligé d'augmenter son patrimoine, l'action Paulienne ne lui est pas applicable parce que, d'après le droit Romain, le gage des créanciers porte simplement sur les biens du débiteur qui lui ont appartenu et non sur ceux qui ne sont jamais entrés dans son patrimoine :

« Non fraudantur creditores, cùm quid non adquiritur a debitore : sed cùm quid de bonis diminuitur (1). »

Et encore le même jurisconsulte, Ulpien :

« Quod autem cùm possit aliquid quærere, non id agit, ut adquirat, ad hoc edictum non pertinet. Pertinet enim edictum ad diminuentes patrimoniùm suum, non ad eos qui id agunt, ne locupletentur (2). »

Tel est le principe. Voyons les applications que fournissent les textes :

1°— « Unde si quis ideo conditioni non paret, ne committatur stipulatio, in ea conditione est, ne faciat huic edicto locum (3). »

Un débiteur est créancier conditionnel. Par son fait, et pour porter préjudice à ses créanciers, il empêche l'accomplissement de la condition. Ulpien, dans ce texte, dit que ce fait ne tombe pas sous le coup de l'édit ; et avec raison, parce que le débiteur ne peut être considéré comme ayant abdiqué un droit antérieurement acquis.

Il est de principe en effet qu'il faut se placer à l'arrivée de la condition pour savoir si le créancier

(1) Dig. loi 134, pr. liv. L, tit. XVII.
(2) Dig. loi 6, pr. h. t.
(3) Dig. loi 6, § 1, h. t.

peut l'acquérir ; jusque là il n'a qu'une *spes debitum iri*, qui ne lui donne aucun droit, si ce n'est celui de prendre des mesures conservatoires.

2° — « Qui repudiavit hereditatem, vel legitimam, vel testamentariam non est in ea causa, ut huic edicto locum faciat : noluit enim adquirere, non suum proprium patrimonium deminuit (1). »

Il s'agit ici d'un héritier externe qui répudie une hérédité. Il ne pouvait acquérir de droits que par son adition, et l'ayant négligée, il a refusé d'acquérir, dit Ulpien ; mais il n'a pas diminué son patrimoine existant.

Les jurisconsultes romains, il nous semble, ont mis de côté les principes, en donnant la même décision quand il s'agit d'un héritier *sien ;* car ce dernier est investi du droit héréditaire *ipso jure ;* c'est un droit qui fait partie de son patrimoine et son abstention le dépouille de ce droit acquis.

3° — « Simili modo.... si filium suum emancipavit, ut suo arbitrio adeat hereditatem (2). »

« Si servum suum heredem institutum alienavit, ut jussu emptoris adeat : si quidem in venditione nulla fraus est, sed in hereditate sit, cessat edictum : quia licuit ei etiam repudiare hereditatem (3). »

Ces deux cas sont analogues.

Dans le premier, un père émancipe son fils qui a

(1) Dig. loi 6, § 2, h. t.
(2) Dig. loi 6, § 3, h. t.
(3) Dig. loi 6, § 5, h. t.

été institué héritier, afin qu'il puisse faire adition en son propre nom et pour son compte.

Dans le second un maître vend son esclave afin qu'il puisse faire adition sur l'ordre de l'acheteur, pour lequel il acquerra. — Avec le texte nous supposons bien entendu que la vente elle-même n'est pas frauduleuse.

Ici encore le père et le maître, en se privant du bénéfice de l'hérédité, ne se sont pas appauvris, mais ont manqué de faire un gain.

4° — « Si legatum repudiavit, cessare edictum (1). »

Nous devons encore remarquer que les jurisconsultes romains ne se sont pas conformés ici aux vrais principes : un débiteur est gratifié d'un legs et y renonce. Mais pour l'acquisition du droit au legs, il n'était pas nécessaire au légataire de faire acte de volonté. A partir du *dies cedit*, il était, *ipso jure*, nanti de ce droit, qui faisait si bien partie de son patrimoine qu'il était transmissible à ses héritiers. — Les jurisconsultes n'ont pas su distinguer entre l'émolument du droit et le droit lui-même (2).

5°— « Debitorem, qui ex senatusconsulto Trebelliano totam hereditatem restituit, placet non videri in fraudem creditorum alienasse portionem quam retinere potuisset, sed magis fideliter facere (3). »

---

(1) Dig. loi 6, § 4, h. t.
(2) M. Guillouard, *loc. cit.*, p. 100.
(3) Dig. loi 20, h. t.

Un insolvable, institué héritier, est chargé par fidéicommis de restituer la succession à un tiers. Il restitue l'hérédité toute entière sans conserver le quart que lui accorde le senatusconsulte Pegasien. — L'action Paulienne n'est pas applicable, quoiqu'il semble bien que par cette restitution, l'insolvable se dépouille de la quarte. Les jurisconsultes donnent comme motif de cette décision, l'exécution d'une sorte d'obligation de conscience.

6° — La loi 67, § 1 et 2, titre Ier, *ad senatusconsultum Trebellianum* prévoit deux hypothèses.

Dans la première, un héritier, chargé d'un fidéicommis, se laisse contraindre par le Préteur à faire adition et à restituer. Par là, il est privé de la quarte; et pourtant cet acte, fait en fraude des créanciers, n'est pas soumis à l'action Paulienne, parce que le fiduciaire était maître de priver ses créanciers du profit de la succession en refusant de l'accepter, dans le cas où il n'aurait pas été chargé d'un fidéicommis ; — et que d'un autre côté, le fidéicommissaire ne fait rien d'illicite en recevant une succession que les créanciers n'auraient pu contraindre leur débiteur à accepter (1).

Dans la seconde hypothèse, c'est un fils, héritier sien de son père, qui a été chargé de remettre l'hérédité à un fidéicommissaire. Dans le dessein de frauder ses créanciers, il se fait forcer à l'accepter et à la remettre, et se dépouille ainsi de la

____

(1) Dig. loi 67, § 1, liv. XXXVI, tit. I.

quarte Pégasienne. Il ne sera pourtant pas soumis à l'interdit fraudatoire :

« Vix fraudatorio interdicto locus erit (1). »

Puisque nous sommes en présence d'un héritier sien, il était donc saisi sans adition et s'est dépouillé d'un droit qui était réellement fixé sur sa tête ; mais ce droit pouvait être effacé par son abstention. Ce motif a suffi aux jurisconsultes qui n'ont pourtant pas donné cette solution sans hésitation.

Le fisc était plus favorisé que les autres créanciers. Le principe, dont nous venons de parcourir quelques applications, ne lui était pas opposable. Il suffisait que le débiteur eût renoncé à un droit, dont la naissance dépendait uniquement de lui :

« In fraudem fisci non solùm per donationem, sed quocunque modo res alienatæ revocantur. Idemque juris est, etsi non quæratur : æquè in omnibus fraus punitur (2). »

Cependant un texte d'Ulpien, au même titre, semble contredire cette dernière solution : Un père a été condamné à mort, partant, ses biens confisqués. Il émancipe son fils pour qu'il accepte une succession, qui sans cela appartiendrait au père et par suite au fisc :

(1) Dig. loi 67, § 2, liv. XXXVI, tit. I.
(2) Dig. loi 45 pr., liv. XLIX, tit. XIV.

« Non videri in fraudem fisci factum, quod acquisitum non est (1). »

Cujas (2) répond avec raison que cette décision est spéciale au cas qu'elle indique, mais que la règle générale est posée au texte précédent.

(1) Dig. loi 26, liv. XLIX, tit. XIV.
(2) Cujas, VIII, obs. 9.

SECTION IV.

PAR QUI PEUT ÊTRE INTENTÉE L'ACTION PAULIENNE.

Cette action sera donnée aux créanciers qui auront eu à subir un préjudice.

Pourront seuls s'en prévaloir ceux dont le titre est antérieur à l'acte attaqué. Seuls ils ont un droit sur le bien aliéné et seuls ils ont été frustrés par l'aliénation.

Cependant ce principe fléchit, en faveur de créanciers postérieurs, quand il est prouvé que c'est avec leurs propres deniers que les créanciers antérieurs ont été désintéressés :

« Nisi priores pecunia posteriorum dimissi probentur (1). »

Cette subrogation est toute naturelle. Les tiers contractants ne peuvent s'en plaindre ; puisque les seconds créanciers ne font que remplacer les premiers, qui sans cette intervention et ce paiement, auraient eux-mêmes demandé la révocation de l'acte.

Des auteurs ont voulu chercher ailleurs que dans cette subrogation le motif de la décision de

______

(1) Dig. loi 16, h. t.

la loi 16. — Ils ont prétendu que l'action était donnée aux seconds créanciers, parce qu'ils réunissent en eux les conditions exigées pour cette action : comme les premiers ils subissent un préjudice, sciemment causé par leur débiteur — *eventus damni, consilium fraudis.*

Pour nous, il nous semble difficile de voir dans l'emprunt fait aux seconds créanciers l'intention de les frauder, et cette absence de fraude est prévue par les textes qui n'en accordent pas moins l'action :

« Si autem horum pecunia, quos fraudare noluit, priores dimisit, quos fraudare voluit (1). »

Cet avis de Marcellus a été confirmé par les rescrits des empereurs Sévère et Antonin.

L'action Paulienne sera incontestablement utile aux créanciers chirographaires qui n'auront que ce moyen de se faire indemniser. Mais au premier abord cette utilité n'apparaît plus pour les créanciers hypothécaires, qui ont toujours leur droit de suite. Cependant ils peuvent avoir intérêt à agir plutôt par l'action révocatoire que par l'action quasi-servienne. — D'abord la chose peut être insuffisante pour les désintéresser. — Ensuite il peut être plus avantageux de poursuivre le débiteur lui-même que les sous-acquéreurs, contre lesquels l'action hypothécaire seule est possible, parce que ceux-ci

(1) Dig. loi 10, § 1, h. t.

peuvent être inconnus aux créanciers, ou avoir emporté au loin l'objet soumis à l'hypothèque.

Cette question est surtout intéressante parce qu'en droit romain les meubles étaient susceptibles de ce droit réel et pouvaient facilement être soustraits aux recherches.

« *Curatori bonorum*, vel ei cui de ea re actionem dare oportebit (1). »

L'action Paulienne se donne également au curateur aux biens et à toute autre personne ayant intérêt.

Le *curator bonorum* est le mandataire des créanciers, mis à la tête de l'administration des biens du débiteur après l'envoi en possession et sous le titre de *Magister*, chargé de la vente des biens au profit de la masse des créanciers.

Il suffisait, pour donner naissance à l'action en faveur de tous les créanciers antérieurs, que la fraude eût existé à l'égard de l'un d'eux, sans que les autres eussent été victimes des manœuvres frauduleuses du débiteur :

« Illud certè sufficit, etsi unum scit creditorem fraudari, cæteros ignoravit, fore locum actioni (2). »

Un débiteur fait un acte frauduleux au préjudice de ses créanciers, et meurt.—Les créanciers acceptent l'héritier pour débiteur, soit en faisant vendre

_____

(1) Dig. loi 1 pr., h. t.
(2) Dig. loi 10, § 7, h. t.

ses biens, soit en acceptant de lui les intérêts de la somme qui leur est due, soit en faisant un pacte avec lui. Après la vente des biens de cet héritier, ils ne sont pas intégralement désintéressés. — Désormais ils ne pourront plus attaquer l'acte du défunt qui n'est plus leur débiteur ; l'héritier seul est leur obligé et ils n'auront plus aucun recours à exercer, puisque leur nouveau débiteur, l'héritier, n'a commis aucune fraude à leur égard :

« Si fraudator heredem habuit et heredis bona venierint, non est in bonis quibus de agitur, factum : et ideò, cessat hæc actio (1). »

Ils ne pourront s'en prendre qu'à eux-mêmes ; car, au lieu d'accepter l'héritier pour leur débiteur, ils pouvaient conserver tous leurs droits contre les biens du défunt par le bénéfice de la séparation des patrimoines.

Ce principe admet cependant une exception. Un *fraudator* meurt laissant : soit un fils, héritier sien, soit un héritier volontaire, tous deux solvables. Mais, à raison de leur âge, ils obtiennent la *restitutio in integrum* de leur acceptation. — On devrait décider que les créanciers ne pourront d'aucune manière attaquer les actes frauduleux, parce que, d'une part ils ont renoncé aux biens du défunt, puisqu'ils ont accepté l'héritier pour débiteur, et d'autre part la restitution, qui fait que l'héritier est

_____

(1) Dig. loi 10, § 9, h. t.

censé ne l'avoir jamais été, est un bénéfice tout personnel, dont ne peuvent se prévaloir les créanciers, qui, eux, ne pourront se faire restituer dans leurs droits contre le défunt.

Mais Ulpien vient à leur secours en leur donnant l'action Paulienne *utile:* et c'est de toute justice, car les créanciers n'avaient accepté l'héritier pour débiteur, que parce qu'il était héritier et que, perdant cette qualité, il ne remplit plus la condition. Ils ne devaient pas subir un préjudice par une faute qu'ils n'avaient pas commise :

« Si quid in fraudem creditorum fecerit filius, qui se poterat abstinere, et in integrum sit restitutus, quòd se miscuerat: vel si qui fecit heres voluntarius etiam, vel per ætatem, vel quam aliam causam justam in integrum meruit restitutionem, dicendum erit utilem actionem competere (1). »

(1) Dig. loi 10, § 10, h. t.

SECTION V.

CONTRE QUI PEUT ÊTRE INTENTÉE L'ACTION PAULIENNE

D'abord l'action Paulienne peut être intentée contre le *Fraudator* lui-même :

« Hæc actio etiam in ipsum fraudatorem datur (1). »

Cette solution est donnée par le jurisconsulte Venuleius, malgré l'avis de Mela. Ce dernier pensait qu'après la vente des biens, les créanciers ne pouvaient avoir aucune action contre le débiteur pour tout ce qui a précédé la vente, et qu'il serait injuste de poursuivre une action contre un homme à qui on ôte tous ses biens.

Quand les créanciers n'auront pu recouvrer ce qui a été dissipé par leur débiteur, l'action leur sera accordée contre lui. — L'utilité qu'ils en retireront ne sera pas pécuniaire, mais ils pourront obtenir l'emprisonnement du *fraudator* :

« Et prætor non tantum emolumentum actionis intueri videtur in eo qui exutus est bonis, quam pœnam (2). »

---

(1) Dig. loi 25, § 7, h. t.
(2) Dig. loi 25, § 7, *in fine*, h. t.

Cette partie du texte prévoit le cas où le débiteur a fait cession de biens. Par cette cession il était dispensé de l'emprisonnement, mais à condition qu'il ne fût pas coupable de fraude.

L'action Paulienne frappait donc d'une peine le *fraudator*.

C'est là, d'après nous, du moins, l'explication la plus plausible de la fin de la loi 25.

D'autres explications cependant ont été proposées :

La contrainte par corps n'aurait été possible à Rome que pour les dettes d'argent ; mais une exception aurait été admise pour le cas où le débiteur eût commis une fraude (1).

Le débiteur, après la *venditio bonorum*, n'aurait pu être poursuivi par les créanciers que pour la valeur des nouveaux biens qu'il aurait pu acquérir, à moins qu'il n'eût été coupable de fraude ; dans ce cas les créanciers avaient recours à l'emprisonnement (2).

L'action peut être intentée contre ceux qui ont été parties à l'acte frauduleux avec le débiteur : qu'ils aient traité à titre onéreux en étant de mauvaise foi ; ou qu'ils soient donataires même de bonne foi (3).

(1) M. Giraud, *les Nexi*, p. 136.
(2) M. Demangeat, *Cours de droil romain*, t. II, p. 607 (3ᶜ édition).
(3) Dig. loi 6, § 11, h. t.

L'action Paulienne peut encore être intentée contre les personnes, qui, bien que n'ayant pas été parties à l'acte frauduleux, en ont retiré un profit.

Un héritier nécessaire, insolvable, acquitte d'abord les legs, puis la vente de ses biens ne suffit pas pour désintéresser ses créanciers. Proculus pense que dans le cas même où les légataires auraient ignoré l'état d'insolvabilité de l'héritier, les créanciers auront contre eux une action utile. Et cette décision ne peut être douteuse : « *Quod nequaquam dubium est* (1). »

Il est bien évident que le texte prévoit le cas où la fraude a eu lieu contre les créanciers de l'héritier et non contre les créanciers du défunt : dans cette dernière hypothèse les legs seraient nuls.

Un débiteur a lui-même un débiteur, qui s'est fait cautionner par un fidéjusseur. Le *fraudator* fait *acceptilatio* au fidéjusseur. En principe le débiteur principal est libéré. — Venuleius, dans la loi 25, fait des distinctions :

Si le débiteur principal et le fidéjusseur sont tous deux de mauvaise foi, l'action sera donnée contre eux.

Si le fidéjusseur seul est de bonne foi, seul il sera libéré.

Si au contraire il est seul de mauvaise foi, seul il sera actionné, et le débiteur principal, quoique

(1) Dig. loi 6, § 13, h. t.

ayant retiré un profit tout gratuit, ne pourra l'être, parce qu'il n'était pas partie à l'acte frauduleux. — Cependant, si le fidéjusseur était insolvable, le débiteur principal serait obligé, malgré l'*accepti-latio*, parce que les créanciers, n'ayant pu être désintéressés par le fidéjusseur, ont un recours contre toute personne qui a retiré un profit de l'acte frauduleux (1).

L'acquéreur de mauvaise foi, qui a vendu la chose à un second acheteur de bonne foi, peut être poursuivi par les créanciers jusqu'à concurrence de la valeur de la chose ; mais le second acheteur ne pourra l'être puisqu'il est de bonne foi :

« Is qui a debitore, cujus bona possessa sunt, sciens rem emit : iterum alii bona fide ementi vendidit. Quæsitum est, an secundus emptor conveniri potest?...... Bona fide emptorem non teneri : quia dolus ei duntaxat nocere debeat, qui eum admisit. Quemadmodum diximus non teneri eum, si ab ipso debitore ignorans emerit. Is autem qui dolo malo emit, bona fide autem ementi vendidit, insolitum pretium rei quod accepit, tenebitur (2). »

Le jurisconsulte Paul suppose, en disant que ce serait le prix de la chose qui serait restitué, *pretium rei*, que ce prix est la représentation de la valeur réelle.

Quand il s'agit d'un second acquéreur à titre

(1) Dig. loi 25 pr., h. t.
(2) Dig. loi 9, h. t.

gratuit, quoique de bonne foi et sans rapports avec ce *fraudator*, il devra restituer le profit qu'il aura retiré de la donation.

Quid, si le *fraudator* a vendu à un acheteur de bonne foi, qui lui-même a revendu à un acheteur de mauvaise foi ? Celui-ci sera-t-il passible de l'action Paulienne ?

L'opinion qui adopte l'affirmative, en se fondant sur un argument par analogie de la loi 25, § 1, ne ne nous semble pas devoir être suivie. Voici le cas de la loi 25 : un père a frauduleusement constitué une dot à sa fille. Le mariage vient à être dissous et le mari doit alors restituer la dot. S'il la restitue à sa femme et que celle-ci ait connu l'intention du *fraudator*, elle sera soumise à l'action, bien que son mari soit de bonne foi. — Mais dans ce cas la femme n'est point sous-acquéreur de son mari ; elle ne tient point de lui son droit de reprise, mais du constituant, ou de la loi.

Décider ainsi serait violer le principe que la fraude ne peut nuire qu'à son auteur : « Dolus ei duntaxat nocere debet qui eum admisit. » En effet, le sous-acquéreur évincé se retournerait contre son vendeur par l'action en garantie et, en définitive, ce serait l'acquéreur de bonne foi qui aurait à supporter les conséquences de la fraude qu'il n'a point commise.

L'action peut enfin être intentée contre les héritiers *similesque personas* et contre les *bonorum possessores*. Mais comme cette action a un caractère pénal et qu'il est de principe que toute peine s'éteint avec la personne du délinquant, les héritiers et autres ne peuvent être tenus que dans la limite de leur enrichissement.

SECTION VI.

DES EFFETS DE L'ACTION PAULIENNE.

En examinant plus haut la nature de l'action Paulienne, nous avons reconnu qu'elle était *arbitraire*. — Le Juge rendra donc un *arbitrium*, auquel devra obéir le défendeur, s'il ne veut subir une condamnation.

Mais quelle satisfaction ordonnera le Juge par son *jussus* ? Ce sera la remise des choses en l'état où elles étaient avant l'acte frauduleux :

« Generaliter sciendum est, ex hac actione restitutionem fieri oportere in pristinum statum (1). »

L'effet de l'action sera différent suivant les ,actes faits par le débiteur.

Aliénations. — S'il s'agit d'une aliénation, la restitution consistera dans une retranslation de la propriété par les modes usités ; les biens aliénés sont effectivement entrés dans le patrimoine du tiers et il faudra qu'il se dessaisisse de son droit de propriété.

La restitution comprendra en même temps que

---

(1) Dig. loi 10, § 22, h. t.

la chose, les accessoires, c'est-à-dire les fruits et les produits :

« Per hanc actionem, res restitui debet cum sua scilicet causa (1). »

Pour la restitution des fruits, elle doit avoir lieu, sans conteste, quand il s'agit :

1° De fruits postérieurs à la *litiscontestatio*, car c'est à ce moment que se règlent les droits des parties et elles ne peuvent souffrir des retards de la Justice.

2ᵉ Des fruits pendants par branches et par racines au moment de l'aliénation frauduleuse; comme le fonds lui-même, ils ont été l'objet de la fraude, puisqu'ils faisaient déjà partie du patrimoine du débiteur :

« Nam cùm fundus alienaretur, quid ad eum fructusque ejus attineret, unam quamdam rem fuisse, id est, fundum, cujus omnis generis alienationem fructus sequi (2). »

Quant aux fruits postérieurs à l'aliénation et antérieurs à la *litiscontestatio*, doivent-ils être restitués par le défendeur ?

Les textes nous offrent deux décisions différentes, qui nécessitent une explication :

La loi 10 décide que tous les fruits doivent être restitués :

« Et fructus, non tantum qui percepti sunt, ve-

<hr>

(1) Dig. loi 10, § 19, h. t.
(2) Dig. loi 25, § 6, h. t.

rum etiam hi qui percipi potuerunt a fraudatore, veniunt (1). »

Elle ne permet de retenir que les dépenses nécessaires.

D'un autre côté, la loi 25 déclare que les fruits, perçus *medio tempore* (entre l'aliénation et la *litiscontestatio*), ne peuvent être exigés :

« Medio autem tempore perceptos in restitutionem non venire (2). »

Comment expliquer cette contradiction entre deux textes aussi explicites ? — Les essais tentés sont nombreux :

Une première opinion généralise ce dernier texte en prétendant que les fruits perçus *medio tempore* n'ayant point appartenu au débiteur, celui-ci n'a pu diminuer frauduleusement son patrimoine.

Cette solution est inadmissible en présence de la loi 25, que nous venons de citer, et plus encore en présence de la loi 38, *de usuris*, qui est plus formelle encore :

« In Faviana quoque actione et Pauliana, fructus quoque restituuntur : nam prætor id agit, ut perindè sint omnia, atque si nihil alienatum esset : quod non est iniquum ; nam et verbum, *restituas*, quod in hac re prætor dixit, plenam habet significationem, ut fructus quoque restituantur (3). »

Une seconde opinion applique les principes gé-

---

(1) Dig. loi 10, § 20, h. t.
(2) Dig. loi 25, § 4, h. t.
(3) Dig. lei 38, § 4, liv. XXII, tit. I.

néraux en matière d'acquisition de fruits. Tout possesseur doit les fruits postérieurs à la *litiscontestatio.*
— Les fruits antérieurs ne sont point dus, si on a affaire à un possesseur de bonne foi ; le possesseur de mauvaise foi au contraire doit les fruits antérieurs perçus par lui et même ceux qu'il a négligé de percevoir.

Mais cette distinction est toute contraire au texte de la loi 25 :

« Medio tempore perceptos in restitutionem venire. »

Enfin, une troisième opinion, reproduite par M. Guillouard (1), concilie les textes :

Les lois 10 et 38 s'appliqueraient à l'action Paulienne, — la loi 25, à l'interdit fraudatoire.

Cette explication, plus satisfaisante, s'appuie sur ce que la loi 25 est extraite d'un livre de Venuleius sur les interdits, et en matière d'interdits les fruits n'étaient restitués par le défendeur que du jour où l'interdit était formulé. En effet dans ce cas, les jurisconsultes romains voulaient, pour que la restitution pût avoir lieu, que les biens aliéné fussent *in bonis debitoris*, et les fruits antérieurs à la *litiscontestatio* ne faisaient pas partie de ce patrimoine.

Pour l'action Paulienne, action arbitraire, le juge devait fixer en équité la satisfaction à fournir au demandeur.

Les produits doivent être assimilés aux fruits ;

(1) M. Guillouard, *loc. cit.*, p. 109.

ils sont compris dans le principe général « res cum sua scilicet causa. »

La loi 10 ne permet aucun doute pour la part de l'esclave ;

« Partum quoque in hanc actionem venire, puto verius esse (1). »

Mais il faut distinguer entre le cas où la femme esclave n'était pas enceinte au moment de l'aliénation et celui où elle l'était à ce moment :

« Proculus ait, si mulier post alienationem conceperit et antequam ageretur pepererit, nullam esse dubitationem, quin partus restitui non debeat. Si verò cùm alienaretur, prægnans fuit, posse dici partum quoque restitui oportere. »

Si l'esclave, aliénée en fraude, a conçu depuis l'aliénation et est accouchée avant l'instance, il est hors de doute que l'enfant ne doit pas être rendu.

Si au contraire, elle était enceinte lors de l'aliénation on peut soutenir que le part doit être rendu.

On peut également, par l'action révocatoire, recouvrer un usufruit aliéné *in fraudem creditorum,* ou une stipulation *in annos singulos dena dare* (2).

Mais l'acquéreur à titre onéreux, qui est obligé de restituer la chose qu'il a achetée, a-t-il droit à la restitution du prix qu'il a payé ?

(1) Dig. loi 10, § 21, h. t.
(2) Dig. loi 10, § 21, h. t.

Proculus pense qu'il est obligé de rendre la chose, même quand le prix ne lui est pas rendu. Mais Venuleius ajoute que les deniers payés par l'acheteur ne lui seront rendus que s'ils se trouvent dans les biens du débiteur « *quia ea ratione nemo fraudetur* (1). »

Libérations. — Si le *fraudator* a fait à son débiteur *acceptilatio*, une remise gratuite de la dette, ce débiteur sera tenu de se remettre dans les liens de l'obligation dont il a été frauduleusement libéré; l'effet de l'action révocatoire étant de rétablir le tout en son premier état :

« Ut perindè omnià revocentur, ac si liberatio facta non esset (2). »

Si l'obligation, objet de la remise, était soumise soit à un terme, soit à une condition, le rétablissement devra comprendre les mêmes modalités.

Si l'obligation était susceptible de produire des intérêts, les créanciers fraudés se feraient restituer les intérêts échus depuis le jour de la libération et ceux déjà dus à ce moment (3).

Nous avons vu précédemment que les fruits, contrairement à ce que nous venons de décider pour les intérêts, n'étaient pas restitués par le tiers-acquéreur contre lequel l'action Paulienne est exercée. — D'où vient cette différence ?

(1) Dig. loi 10, § 15. h. t.
(2) Dig. loi 7 et 8, h. t.
(3) Dig. loi 10, § 22. h. t.

Pothier nous en donne l'explication :

« Au moment même de l'aliénation, les fruits du temps intermédiaire n'existaient pas ; mais le droit au payement du capital et des intérêts existait déjà. »

Nous avons parcouru, avec leurs distinctions, les satisfactions que le défendeur devait fournir au demandeur suivant l'*arbitrium* du juge.

Mais si le défendeur refuse ces satisfactions, alors il sera condamné à payer une somme d'argent représentant le préjudice causé par l'acte frauduleux. Et suivant les principes généraux cette somme sera fixée par le *jusjurandum in litem* du demandeur, s'il y a dol de la part du défendeur, c'est-à-dire s'il refuse de fournir la satisfaction alors qu'il le pourrait. — S'il est dans l'impossibilité de satisfaire au *jussus judicis*, ce sera le juge lui-même qui fixera le chiffre de la condamnation.

SECTION VII.

A QUI PROFITE L'ACTION PAULIENNE.

Il semblerait, au premier abord, que la révocation prononcée ne profitera qu'aux créanciers qui l'étaient déjà au moment de l'acte frauduleux. — Quoique l'action ne puisse être intentée que par les créanciers fraudés, c'est-à-dire par ceux qui avaient des droits sur les biens de leur débiteur au moment de la fraude, il n'en est pas moins certain que les jurisconsultes accordaient aux créanciers postérieurs le droit de bénéficier, après sa rentrée entre les mains de leur débiteur, d'un bien sur lequel ils n'avaient pas compté et qui n'était pas leur gage à la naissance de leur créance.

En effet l'action Paulienne peut être exercée par un *Curator* qui représente la masse des créanciers, quels qu'ils soient.

Les termes employés par les textes sont généraux : *in rem-impersonaliter* (1).» — Ils ne disent pas que le créancier fraudé a l'action, mais que l'action est ouverte ; — ouverte — par conséquent, en faveur de tous, puisqu'en règle générale tous

______

(1) Dig. loi 10, § 1, —loi 15, h. t.

les créanciers ont un droit égal sur le patrimoine de leur débiteur et que la fraude elle-même ne saurait constituer un privilège.

Enfin la loi 10, § 8 (1), déclare que si le créancier fraudé a obtenu le remboursement de sa créance, les autres ne pourront plus agir par l'action Paulienne. C'est donc que ces autres pourraient avoir intérêt à agir et que par conséquent le résultat de l'action doit leur profiter ; sans quoi il eût été inutile de leur refuser un droit qui, en tous cas, n'aurait dû leur servir.

Le créancier hypothécaire qui aura obtenu la révocation, n'aura aucun privilège sur le bien recouvré, il viendra au marc le franc avec les créanciers chirographaires, car il n'a pu agir que comme créancier chirographaire.

(1) Dig. loi 10, § 8, h. t.

SECTION VIII.

DE LA DURÉE DE L'ACTION PAULIENNE.

Nous savons que l'action Paulienne est *prétorienne,* et comme les actions prétoriennes en général, elle devra être *annale :*

« Hujus actionis annum computamus utilem,
quo experiundi potestas fuit, ex die factæ venditio-
nis (1). »

Le point de départ de l'année sera le jour de
l'aliénation consentie par le débiteur.

Mais à l'expiration de l'année, l'action ne sera
pas complètement éteinte, le *fraudator,* ou celui
qui a profité de la fraude, pourra être condamné
jusqu'à concurrence de son enrichissement.

C'est la solution que fournit la loi 10 :

« Hæc actio post annum de eo quod ad eum
pervenit, adversus quem actio movetur, competit (2). »

Il est un cas cependant où l'action pourra ne
pas durer une année. — C'est quand il a été fait
par le débiteur *acceptilatio* d'une obligation condi-

(1) Dig. loi 6, § 14, h. t.
(2) Dig. loi 10, § 24, h. t.

tionnelle ou à terme.— Si, au moment de la révocation, le terme, par exemple, était échu, l'obligation devrait être rétablie sous le terme qui restait à remplir lors de la libération, sans qu'on fût obligé d'attendre l'expiration du délai d'un an.

« Si tamen ea (obligatio) erat, cujus dies finitur, potest dici restitutionem intra id tempus posse postulari, quod tempus supererat obligationi, non utique intra annum (1). »

(1) Dig. loi 10, § 23, h. t.

CHAPITRE III

DE LA LOI ÆLIA SENTIA

La loi *Ælia Sentia* fut rendue, au rapport de Suétone, sous le règne d'Auguste, pendant le consulat de S. Ælius Cato et de C. Sentius Saturninus.

Voici la cause qui l'avait provoquée :

Pendant les premières années de la République, les esclaves étant peu nombreux, il y avait peu d'affranchissements, et d'ailleurs, la population étant encore assez peu considérable, il était facile aux nouveaux citoyens de se créer une position ; mais il n'en fut pas toujours ainsi, et à mesure que toutes les issues se fermèrent, la présence dans la société de gens libres et sans moyens d'existence devenait pour l'État une cause incessante de périls. Il fallait donc que le législateur mît un frein à la vanité des mourants, qui, pour avoir un grand nombre d'affranchis à leurs funérailles, ne craignaient pas de donner la liberté à des hommes indignes d'une telle faveur. Ce remède, on crut le trouver dans la loi *Ælia Sentia* qui mit certaines conditions à l'affranchissement.

La même loi défendait l'affranchissement par un débiteur en fraude de ses créanciers. C'est la partie de cette loi qui doit nous occuper. Elle avait pour prétention d'arrêter l'humanité dans un mouvement qui lui avait été communiqué par la philosophie stoïcienne et, en dernier lieu, d'une façon plus complète par le Christianisme qui commençait alors à se montrer avec ses doctrines consolantes et divines.

L'une des dispositions de la loi *Ælia Sentia* déclarait donc nul l'affranchissement fait en fraude des créanciers, et cette disposition a été conservée par Justinien.

Il fallait le concours du *Consilium fraudis* et de l'*Eventus*.— Gaius n'exigeait que l'*Eventus* :

« In fraudem creditorum manumittere videtur, qui..... solvendo non est..... et manumittendo sine fraudis consilio indulgent servis suis libertatem (1). »

Justinien y ajoute la fraude :

« Prævaluisse videtur, nisi animum quoque fraudandi manumissor habuerit, non impediri libertatem, quamvis bona ejus creditoribus non sufficiant (2). »

Il indique bien que sur ce point une controverse existait entre les jurisconsultes.

La loi *Ælia Sentia* s'applique aussi bien aux affranchissements entre vifs qu'aux affranchissements testamentaires ; mais pour ces derniers on a admis une décision toute particulière : une succession insolvable est recueillie par un héritier solvable ; donc tous les créanciers du défunt seront dés-

____

(1) Dig. loi 10, liv. XL, tit. IX.
(2) Inst. Justin., liv. I, tit. VI, § 3.

intéressés par suite de la confusion des deux patrimoines, et les affranchissements, faits en fraude par
le défunt, ne pourront porter préjudice à ses créanciers.

Mais telle n'est point l'opinion qui a prévalu :

« Cùm hereditas solvendo non est, quamvis heres locuples existat, libertas ex testamento non competit. »

Gaius nous dit qu'il faut considérer la fortune du
testateur, avant la confusion, au moment de sa mort.
Et en effet il est probable que l'héritier aurait ré-
pudié l'hérédité plutôt que d'accomplir l'affranchissement. Alors les biens auraient été vendus dans le
nom du défunt, qui eût été noté d'infamie, résultat
qui préoccupait avant tout les Romains ; d'ailleurs
les libertés accordées n'auraient pu être sauvegar-
dées, puisque les créanciers les auraient attaquées
pour pouvoir être désintéressés.

Dans quel délai devait-on attaquer ces affranchissements ? On l'ignore. — Pour le fisc seulement il
était de dix ans :

« Aristo respondit, a debitore fisci, qui solvendo
non erat, manumissum, ita revocari in servitutem
debere, si non diu in libertate fuisset, id est, non
minus decennio (1). »

Une exception était admise au principe de la loi

____

(1) Dig. loi 16, § 3, liv. XL. tit. IX,

Ælia Sentia : c'est l'hypothèse où un testateur insolvable affranchit et institue héritier son esclave. Par ce moyen les Romains évitaient de mourir intestats et d'être notés d'infamie à la suite de la *venditio bonorum;* puisque c'était sous le nom de cet affranchi, devenu héritier nécessaire, qu'avait lieu la vente des biens du défunt ; et un citoyen libre et romain seul pouvait être héritier. — Mais cette dérogation au principe ne pouvait être exercée qu'à l'égard d'un seul esclave, et dans le cas seulement où aucun héritier volontaire ne se présentait.

L'affranchissement fait en fraude était valable pour le *manumissor ;* seuls les créanciers pouvaient en demander la nullité : à leur profit seulement la loi *Ælia Sentia impedit libertatem.* Par conséquent, si par suite d'événements postérieurs à l'affranchissement frauduleux, les créanciers parvenaient à être payés, sans être obligés de faire annuler l'affranchissement, par exemple, dans le cas qu'il survenait au débiteur une succession considérable, l'affranchissement sera valable et l'esclave affranchi restera libre (1).

On connaît bien la date de la loi *Ælia Sentia,* rendue sous Auguste (757 de Rome) ; mais on ignore celle de l'Édit du Préteur, qui accorda l'action Paulienne.— De là cette question encore

(1) M. Georges Boujean, *Instilutes,* t. I, p. 224.

aujourd'hui discutée, de savoir laquelle est la plus ancienne de la loi ou de l'action ?

Pour nous l'action Paulienne a précédé la loi *Ælia Sentia.*

Cicéron parlait déjà de l'action révocatoire dans une lettre à Atticus :

« Cæcilius, avunculus tuus, a P. Vario, quum magna pecunia fraudaretur, agere cœpit cum ejus fratre Caninio Satirio de iis rebus, quas cum dolo malo mancipio accepisse de Vario diceret (1). »

Varius, qui doit une somme à Cecilius, ayant vendu en fraude tous ses biens à son frère Satirius, Cecilius a intenté un procès à ce dernier. — Il paraît certain qu'il ne peut être question ici que de l'action Paulienne, l'action de dol n'étant pas admissible, puisque la poursuite a lieu contre le tiers acquéreur et que l'action de dol ne se donne que contre l'auteur du dol.

Et à l'objection que l'on fait que dans le cas où la loi *Ælia Sentia* serait postérieure, elle serait inutile, puisque l'action Paulienne, étant générale, aurait prévu tous les cas ; à cette objection on peut répondre que l'action Paulienne, au temps de Cicéron, ne pouvait être dirigée contre les affranchissements : « en effet, ce n'était encore que l'action réelle, et cette action n'était donnée que contre les aliénations et non contre les affranchissements (2).»

______

(1) Cicéron. Lettres à Atticus (t. I), an 688. — Lettre X de l'édition Panckoucke.
(2) M. Guillouard, p. 18.

Et, en tous cas, même dans l'opinion qui prétend que l'action personnelle a précédé l'action réelle, cette loi serait utile. En effet il est un principe fondamental que : *libertas semel percepta nunquam revocatur ;* or comme l'affranchissement est justement la perception de la liberté, le principe s'opposait à ce que les créanciers, lésés par les affranchissements, fussent admis à les faire annuler. Pour respecter le principe et veiller en même temps aux intérêts des créanciers, la loi *Ælia Sentia* décida que l'affranchissement frauduleux serait *nul, sans existence ;* dès lors il n'y avait plus lieu de recourir à la *révocation* de cet affranchissement.

CHAPITRE IV

DE L'ACTION PAULIENNE DES INSTITUTES

§ I.

Existe-t-il une action Paulienne réelle ?

L'une des questions, encore aujourd'hui des plus controversées, est celle-ci :

Y a-t-il deux actions Pauliennes ?

La première, personnelle, qui est fournie par le Digeste et que nous venons d'étudier dans les chapitres qui précèdent.

La seconde, réelle, qui résulte de ce texte des Institutes :

« Item si quis in fraudem creditorum, rem suam alicui tradiderit, bonis ejus a creditoribus ex sententia præsidis possessis, permittitur ipsis creditoribus rescissa traditione eam rem petere, id est dicere eam rem traditam non esse, et ob id in bonis debitoris mansisse (1). »

(1) *Inst. Justin.*, § 6, tit. VI, liv. IV.

Il s'agit de créanciers envoyés en possession après discussion préalable des biens de leur débiteur et autorisés par le préteur, qui rescinde l'aliénation frauduleuse, à revendiquer la chose contre tout détenteur, en prétendant que cette chose n'a pas été aliénée et que, partant, elle fait partie du patrimoine de leur débiteur.

Pour nous, c'est bien là une action réelle, les termes mêmes du paragraphe, ne nous permettent pas d'hésiter : *rescisa traditione eam rem petere.* — De plus ce paragraphe est intercalé, aux Instdutes, parmi les textes qui s'appliquent à des actions réelles, car ce n'est qu'au paragraphe 10 que Justinien commence à parler des actions personnelles.

Mais alors comment se fait-il qu'il ne soit parlé de cette action réelle que dans ce texte et qu'au contraire l'action Paulienne présentée dans tous les autres soit une action personnelle! Les commentateurs anciens et modernes discutent cette question.

Pour Doneau et Voët, le texte des Institutes vise non l'action Paulienne, mais l'action hypothécaire, dont il est question dans le paragraphe suivant des Institutes et à laquelle on a donné, à tort, le nom de Paulienne.

Ce système est complètement inadmissible. Les rédacteurs des Institutes n'ont pu ainsi, dans deux paragraphes différents et se suivant, faire un double emploi; et d'ailleurs l'action hypothécaire est une action *in factum* et le texte « *rem traditam non esse et ob id in bonis debitoris mansisse* » ne peut se prêter à une pareille application.

Vinnius, d'un autre côté, a prétendu que l'action Paulienne est toujours personnelle, et que l'action réelle n'a jamais existé; mais les textes sont trop clairs et trop explicites pour se prêter à une telle appréciation. — Les textes du Digeste ne peuvent certainement être confondus avec celui des Institutes que nous venons de transcrire.

Il faut donc, avec MM. Ortolan et Guillouard (1), reconnaître l'existence de deux actions Pauliennes, l'une personnelle, l'autre réelle ; elles se distinguent parfaitement l'une de l'autre et leurs différences sont nombreuses.

§ II.

Différences entre l'action réelle et l'action formelle.

I. — L'action personnelle est plus générale que l'action réelle. Elle est donnée contre tous actes frauduleux du débiteur : aliénations, obligations, libérations. — L'action réelle ne frappe que les aliénations.

II. -- L'action personnelle ne donne aux créanciers que le droit de venir en concours avec les

---

(1) Ortolan, III, n° 2086. — Guillouard, p. 9.

créanciers du tiers-acquéreur sur le prix de la chose aliénée. — L'action réelle donne un droit de préférence à ceux qui l'intentent.

III. — L'action personnelle se donne contre l'acquéreur complice de la fraude, qui a cessé de posséder même sans qu'on puisse lui reprocher aucun dol. — L'action réelle ne se donne que contre l'acquéreur qui possède ou a cessé par dol de posséder.

IV. — L'action personnelle a pour objet l'obligation de retransférer la propriété. L'*arbitrium judicis* ne pourra donc pas être exécuté *manu militari*, puisque ce mode d'exécution ne peut lever qu'un obstacle de fait, et que pour retransférer la propriété il faut un acte de volonté ; de là la condamnation ne peut être que pécuniaire. — L'action réelle au contraire étant donnée à la suite d'une *in integrum restitutio*, la propriété est censée n'avoir jamais été transférée au défendeur, et l'*arbitrium judicis*, ayant pour objet de faire rendre la possession pourra être exécuté *manu militari*.

V. — L'action personnelle doit être intentée devant le tribunal du domicile du défendeur en vertu de la règle : « Actor sequitur forum rei. » — L'action réelle peut être intentée devant le tribunal de la situation de l'immeuble litigieux. Cette faculté fut accordée par les empereurs Théodose, Arcadius et Valentinien et paraît être devenue une obligation sous Justinien.

§ III.

Laquelle de ces deux actions est la première en date

Quoique la question soit difficile à résoudre d'une façon certaine, nous inclinons à penser, contrairement à l'avis de MM. Demangeat et Bonjean (1), que c'est l'action réelle qui a précédé l'action personnelle.

L'action personnelle a été introduite par le préteur pour généraliser l'action réelle. Comme nous l'avons vu, celle-ci ne s'appliquait qu'aux aliénations et l'action personnelle s'étend à tous les actes par lesquels le débiteur a porté frauduleusement atteinte aux droits de ses créanciers. Et la logique veut que l'on procède du particulier au général ; c'était d'ailleurs la marche ordinaire du préteur : « Il créa d'abord l'action réelle : on employait un moyen simple, radical, primitif ; la rescision de l'aliénation ne s'appliquant d'ailleurs qu'à une seule catégorie d'actes. Il ne donna qu'ensuite l'action personnelle plus complexe à la fois et plus large, plus complexe en ce qu'elle ne procède pas d'une manière aussi absolue, et n'enlève pas aux propres créanciers du tiers acquéreur un gage sur la foi duquel ils avaient traité avec lui ; plus large, en ce qu'elle s'applique à tous les actes que peut faire un débiteur en fraude de ses créanciers (2). »

(1) Demangeat. *Cours de droit romain*, t. II, p. 604. — Bonjean, *des Actions*, t. II, p. 163.
(2) M. Garsonnet, *De l'action Paulienne*.

Même au cas d'aliénation, que visait uniquement l'action réelle, l'action personnelle est préférable et plus juste. En effet, au cas d'insolvabilité du tiers acquéreur, il serait injuste que les créanciers du vendeur, malgré la faute qu'ils ont commise de suivre la foi de leur débiteur, fussent seuls intégralement indemnisés, tandis que les créanciers personnels du tiers acquéreur, qui n'ont aucune faute à se reprocher, n'obtiendraient qu'un dividende.

Les avantages de l'action personnelle avaient fait mettre complètement de côté l'action réelle, qui était alors tombée en désuétude ; aussi le Digeste n'a-t-il enregistré que la première, comme tout Code qui ne fait mention que des lois existantes.

Les Institutes au contraire devaient nécessairement parler de l'action réelle puisqu'elles donnaient une énumération historique des actions réelles prétoriennes et en présentant plus tard la liste des actions personnelles prétoriennes, elles ont omis l'action Paulienne personnelle (1). — Et si l'action réelle avait été une création de Justinien ou du Droit Impérial, il est certain que Justinien, si facilement disposé à se vanter pompeusement, n'aurait point oublié de mentionner cette innovation.

(1) M. Guillouard, p. 16.

ANCIEN DROIT

L'ancien droit a-t-il puisé dans le droit romain les règles de l'action Paulienne ?

Si nous nous en rapportions à l'appréciation de certains auteurs, nous devrions aller jusqu'à nier l'existence de l'action Paulienne à cette époque. Guy du Rousseau de la Combe écrivait :

« Nous ne suivons en aucun point les titres *quæ in fraudem creditorum* au Digeste et *de revocandis his* au Code..... Nos usages sont même contradictoirement opposés aux lois romaines sur ce point (1). »

Lebrun était presque de cet avis :

« Le titre *quæ in fraudem creditorum* n'est pas d'un grand usage parmi nous (2). »

Il faut se garder de suivre à la lettre l'opinion de ces auteurs. En effet nous trouvons l'action Paulienne mentionnée dans les œuvres de Pothier —

(1) *Jurisprudence civile.* Voir *Fraude.*
(2) *Successions*, liv. VII, ch. ii, sect. I, n° 20.

coutumes de Normandie, art. 25, — de Lille, tit. V, art. 10. — de Douai, tit. III, art. 10, — de Melun, art. 310, — de Sens, art. 131, — d'Amiens, art. 129, — dans Furgole, de Serres, Boutaric, Denizart (1).

Mais aucun de ces auteurs ne s'est occupé spécialement de cette action, Domat cependant lui a consacré un titre dans son traité des lois civiles (2).

Aussi Merlin pouvait-il dire devant la Cour de Cassation « qu'il prouverait facilement que les lois romaines, relatives à l'action Paulienne, ne sont pas aussi étrangères à nos usages que le prétend Rousseau de la Combe. »

Il en résulterait donc tout au plus que, dans l'ancien droit, l'action Paulienne n'occupait qu'un rôle secondaire, d'ailleurs suffisant à protéger les créanciers qui trouvaient une garantie sérieuse dans l'hypothèque, dont l'application était bien plus fréquente qu'en droit romain. — L'hypothèque en effet résultait de plein droit des actes notariés et les meubles eux-mêmes pouvaient être hypothéqués. De là le peu d'intérêt pour les créanciers d'avoir recours à l'action révocatoire.

Il est bien vrai que dans les pays de coutumes l'hypothèque n'atteignait pas les meubles, mais

(1) Pothier, *Oblig.*, 1re partie, no 153. — Comm., no 533. — Furgole. *Comm. subst.*, p. 284. — Boutaric, *Inst. conf. avec le dr. fr.*, p. 535. — De Serres, *Instit. du dr. fr.*, p. 562. — Denizart. Voir *Fraude.*

(2) Domat, liv. II, tit. X.

toutes les valeurs mobilières sérieuses avaient été immobilisées. Et ce qui est digne de remarque ; ce sont les auteurs des pays de droit écrit, où les meubles étaient susceptibles d'hypothèques, qui seuls ont nié l'existence de l'action Paulienne.

Ainsi nous déciderons que l'ancienne jurisprudence avait emprunté au droit Romain ses règles sur l'action Paulienne, qui reçut même plus d'extension sur deux points :

1° Les créanciers ont le droit de se faire subroger dans les droits et actions de leur débiteur, décision qui deviendra l'art. 1166 de notre code civil ;

2° Les créanciers ont également le droit d'attaquer, par l'action Paulienne, non seulement les actes frauduleux, qui ont produit une diminution du patrimoine du débiteur et que frappait la loi romaine ; mais encore les renonciations à une succession, à une communauté, à un droit d'usufruit, à un fidéicommis, actes par lesquels le débiteur néglige ou refuse d'augmenter son patrimoine.

Cette doctrine, devenue générale, ne s'était établie qu'après discussions et distinctions entre les auteurs des diverses provinces.

« Par le droit romain, dit Boutaric (1), celui à qui un legs est fait, ou à qui une succession est déférée, peut refuser d'accepter ce legs ou cette succession, sans que les créanciers puissent se

____

(1) *Inst. conf. avec le dr. fr.*, IV, t. VI, § 6.

plaindre, l'action Paulienne, qui révoque les aliénations faites en fraude, ne regardant point ceux
qui refusent une occasion d'acquérir, mais ceux-là
seulement qui diminuent leur patrimoine..... Mais
il en est autrement parmi nous, les céanciers entrent
dans tous les droits de leur débiteur et les peuvent
exercer malgré lui. Le débiteur ne peut, au préjudice de ses créanciers, renoncer à un legs ni à
une succession soit testamentaire, ou *ab intestat*,
et s'il renonce, les créanciers peuvent accepter
pour lui, pourvu qu'ils le fassent à leurs périls,
risques et fortunes ; ce qui a été sans doute établi
comme une suite de cette maxime générale du
royaume, par laquelle le mort saisit le vif, et qui
fait qu'un héritier étant d'abord saisi, ne peut plus
renoncer sans diminuer effectivement son patrimoine. »

Telle est l'opinion qui prévalut malgré les auteurs des pays de droit écrit, qui voulaient suivre
la loi romaine, et malgré Dumoulin (*commentaire
sur la coutume de Paris*).

Même dans les pays de coutumes, les auteurs
n'étaient pas d'accord sur les moyens accordés aux
créanciers pour s'assurer du bénéfice de l'action
révocatoire. Les uns donnaient aux créanciers le
droit de faire rescinder la renonciation faite par le
débiteur. — Les autres permettaient simplement
aux créanciers de se faire subroger au lieu et place
du débiteur, sans que la renonciation de celui-ci
pût leur nuire.

Burdan, dans son commentaire sur la coutume du Vermandois, accorde aux créanciers le droit de se faire subroger à la place du débiteur et s'appuie sur deux arrêts des 20 mars 1590 et 5 avril 1596. — De même la coutume de Normandie, dans son art. 278 :

« Avenant que le débiteur renonce, ou ne veuille accepter la succession qui lui est échue, ses créanciers pourront se faire subroger en son lieu et droit pour l'accepter, et être payés sur ladite succession jusqu'à la concurence de leur dû, selon l'ordre de priorité et postériorité ; et s'il reste aucune chose, les dettes payées, il reviendra aux autres héritiers plus prochains après celui qui a renoncé. »

Un premier arrêt du Parlement de Paris, en date du 28 mars 1589, condamne un débiteur, qui a renoncé frauduleusement à une succession, à faire cession et transport à ses créanciers de sa légitime, dont tout héritier ne pouvait être privé dans la succession de ses père et mère. Les créanciers, dit l'arrêt, étaient fondés à compter sur l'héritage des père et mère de leur débiteur.

Un second arrêt du 27 janvier 1596 déclare que les créanciers sont fondés à demander que leur débiteur ait à se porter héritier, à leurs périls et fortunes. Ils pourront se faire subroger en son lieu et place.

Un troisième arrêt, du 8 juillet 1598, déclare

nulle la renonciation frauduleuse d'un fils à la succession de son père (1).

Nous devons remarquer que ces trois arrêts, identiques sur le principe à formuler, diffèrent sur l'exécution. Le premier accorde une cession. — Le second oblige le débiteur à se porter héritier. — Le troisième déclare nulle la renonciation. Il y a dans cette jurisprudence confusion entre les deux principes que nous retrouverons distincts dans les art. 1166 et 1167 du code civil : droit pour les créanciers d'exercer les droits et actions de leur débiteur (1166); droit de faire rescinder les actes faits en fraude par leur débiteur (1167).

Les règles que nous venons d'appliquer à la renonciation consentie par l'héritier à la succession de son auteur, s'appliquent également à la renonciation consentie par la femme à la communauté.

Quoique la femme ou ses héritiers qui ont renoncé à la communauté, dit Pothier, ne soient plus recevables à l'accepter, néanmoins, si la femme ou ses héritiers avaient, en fraude, renoncé à une communauté avantageuse, les créanciers seraient admis à faire révoquer cette renonciation comme frauduleuse (2).

La renonciation du père à l'usufruit légal avait soulevé de vives controverses. Parmi les auteurs,

(1) Collection du conseiller Louët, vol. II, p. 505.
(2) Pothier, comm., n° 533.

les uns soutenaient que la révocation avait lieu même dans le cas où l'usufruit avait pris fin par l'émancipation du fils; les autres, suivis par un arrêt du Parlement de Paris, du 30 juin 1636, décidaient que l'action ne pouvait être obtenue dans ce cas (1).

Les mêmes controverses se reproduisaient au sujet de la restitution anticipée du fidéicommis.

Ricard, et les auteurs des pays de droit écrit, s'appuyant sur les lois 19 et 20 du titre *quæ in fraudem*, au Digeste, prétendaient que les créanciers ne pouvaient attaquer cette restitution faite par leur débiteur, parce qu'elle n'était consentie que pour remplir plus fidèlement la volonté du défunt. Il fallait, pour que l'action fût possible, que les présomptions de fraude fussent plus fortes que les présomptions de bonne foi.

Une solution toute différente était donnée par l'ordonnance de 1747 :

« La restitution du fidéicommis, faite avant le temps de son échéance, par quelque acte que ce soit, ne pourra empêcher que les créanciers du grevé de substitution, qui seront antérieurs à ladite remise, ne puissent exercer sur les biens substitués les mêmes droits et actions que s'il n'y avait point eu de restitution anticipée (2). »

Il suffira alors que les créanciers aient subi un

(1) Catelan, liv. VI, ch. xiv.
(2) *Ordonnance de* 1747, art. 42.

préjudice pour donner lieu à l'exercice de l'action révocatoire.

Furgole, le commentateur de l'ordonnance de 1747, Boutaric, de Serres et Lebrun n'exigeaient que la preuve du préjudice :

« Notre article 42, dit Furgole (1), pourvoit à l'intérêt des créanciers bien plus amplement que ne le faisait le droit romain. Lorsqu'un débiteur faisait quelque chose au préjudice des créanciers, le droit romain dans le titre *Quæ in fraudem*, donnait aux créanciers le droit de se plaindre et de demander la révocation de ce qui aurait été fait à leur préjudice. Mais notre article va plus loin : il veut même que sans attaquer la restitution anticipée, qui doit être considérée comme non avenue, les créanciers du grevé puissent exercer les mêmes droits et actions que s'il n'y avait point eu de restitution anticipée. »

Pothier et Ricard, au contraire, outre le préjudice, exigeaient la preuve de l'intention frauduleuse du débiteur.

Lorsque les créanciers, ayant subi un préjudice, avaient réussi à faire révoquer l'acte frauduleux de leur débiteur, eux seuls pouvaient profiter de cette révocation, le débiteur lui-même n'en pouvait tirer aucun avantage. C'est ce que nous dit Pothier :

« Lorsque les créanciers d'un héritier insolvable

---

(1) Furgole, *Comment.*, p. 224.

ont fait casser la renonciation qu'il a faite à la succession, comme ayant eu lieu en fraude des créanciers et du droit qu'ils avaient d'être payés sur les biens déférés à leur débiteur, cette renonciation n'est cassée qu'en faveur desdits créanciers et vis-à-vis d'eux et non point vis-à-vis de l'héritier qui a renoncé. »

Pour le délai de la prescription de l'action Paulienne, contrairement au droit romain, chez lequel il était d'une année, notre ancien droit accordait trente ans :

« Régulièrement, les actions qui naissent des créances doivent être intentées dans le temps de trente ans. Lorsque le créancier a laissé écouler ce temps sans intenter son action, le débiteur acquiert contre lui une prescription qui rend le créancier non recevable à la demande (1). »

De nombreuses autorités indiquent que l'application de l'action Paulienne fut conservée par notre droit intermédiaire (2).

Mais les commentateurs, comme ceux de l'ancien droit, devraient confondre l'action Paulienne avec l'action subrogatoire. Seuls les rédacteurs du Code civil ont su faire cette distinction d'une façon précise et nette. Nous n'aurons qu'à leur reprocher d'en avoir posé les principes avec une concision désespérante.

(1) Pothier, *Oblig.*, n° 678.
(2) Merlin. Voir *Usufruit paternel. — Aliénation. — Renonciation. — Expropriation forcée.*

DROIT CIVIL

CHAPITRE PREMIER

NATURE DE L'ACTION RÉVOCATOIRE

1. — Notre Code paraît muet sur la nature de l'action révocatoire, de l'action Paulienne, dont le nom même n'est pas prononcé dans l'art. 1167 :

« Ils (les créanciers) peuvent aussi en leur nom personnel, attaquer les actes faits par leur débiteur en fraude de leurs droits. »

Cette action est-elle réelle, mixte ou personnelle ? — Question déjà discutée en droit romain et sur laquelle les commentateurs n'ont pu encore aujourd'hui se mettre d'accord.

2. — *Réelle.* — Elle ne pourrait l'être dans tous les cas. Par exemple si le *fraudator* a libéré gratuitement son propre débiteur, fait donation d'une somme d'argent.

Dans ces hypothèses, on ne rencontre pas les éléments d'une action réelle ; le tiers gratifié ne sera jamais tenu, à l'égard des créanciers de son dona-

7

teur, que du profit qu'il a pu retirer, parce qu'on ne ne doit jamais s'enrichir aux dépens d'autrui — ou du dommage qu'il aura volontairement causé, parce qu'il est de principe que « tout fait quelconque de l'homme qui cause à autrui un dommage, oblige celui par la faute duquel il est arrivé à le réparer (art. 1382). »

Elle ne pourrait donc être réelle que dans le cas d'aliénation de droits immobiliers. C'est le système soutenu par un arrêt de la Cour d'Amiens :

« Considérant que la dame Dubaret, propriétaire apparente des biens dont il s'agit, est défenderesse principale à l'action introduite par Paillet ; — que cette action a pour but de faire rentrer ces biens dans le domaine de Dubaret et de donner au demandeur les moyens d'exercer sur eux les droits qu'il a acquis contre ledit Dubaret ; — qu'ainsi elle est réelle et qu'elle ne pouvait, à ce titre, être portée devant le Tribunal de la résidence de Dubaret (1). »

Mais cet arrêt devait rester isolé.

3. — Les principales conséquences de ce système seraient celles-ci :

Le Tribunal compétent serait celui de la situation de l'objet litigieux ;

Les sous-acquéreurs de bonne foi comme ceux de mauvaise foi seraient atteints par la révocation ;

____

(1) Amiens, 16 mars 1839 (D., A., action, n° 85).

Les droits réels consentis par le premier acquéreur sur l'objet aliéné frauduleusement au profit
de tiers même de bonne foi, seraient annulés.

4. — *Mixte.* — Pothier, qui a été l'inspirateur
ordinaire des rédacteurs de notre Code, reconnaissait d'une manière générale ce caractère à certaines
actions. L'action révocatoire, pour quelques auteurs,
doit être comprise parmi celles-ci.

D'un côté, en effet, elle participe de la nature de
l'action réelle ou de revendication, puisque le
créancier réclame et revendique le bien frauduleusement aliéné. — D'un autre côté, elle participe
de la nature de l'action personnelle, puisqu'elle doit
être dirigée personnellement contre le débiteur
accusé de manœuvres coupables et contre le tiers
acquéreur « qu'il faut mettre à portée de combattre
les preuves de fraude articulées par le créancier
poursuivant (1). »

5. — Comme conséquences :
Le tribunal compétent serait celui de la situation
de l'objet litigieux ou celui du domicile du défendeur.

Tous les actes frauduleux seraient atteints, au
lieu que dans le système de la réalité, les aliénations seules pourraient être annulées.

____

(1) Proudhon, *Usufruit*, t. IV, n° 2351 (2e édition). — Larombière, *Obligat.*, art. 1167, n° 45.

Les sous-acquéreurs sans distinction auraient à subir l'action ;

Les droits réels consentis par le premier acquéreur seraient tous annulés ;

Ces deux dernières conséquences sont communes avec le système de la réalité.

C'est le système adopté par Proudhon Larombière et Colmet de Santerre.

6, — Pour nous, nous considérons l'action révocatoire comme une action personnelle, même lorsque l'acte attaqué est une aliénation de droit réel immobilier.

Les rédacteurs de l'art. 1167 ne pouvaient avoir une autre pensée, car, dans le dernier état de la législation romaine, l'action Paulienne était uniquement personnelle et c'est avec ce caractère que nous la représente le Digeste.

Les créanciers chirographaires n'ont aucun droit réel sur le patrimoine de leur débiteur. Il est bien leur gage tant qu'il reste entre les mains de ce dernier, mais dès qu'il est aliéné, ils n'ont sur ce patrimoine aucun droit de suite, aucun droit de propriété. Ils peuvent bien agir au nom de leur débiteur (art. 1166) ; c'est vrai, mais seulement quand celui-ci le pourrait lui-même, et ici, il ne le peut, puisqu'il s'est dessaisi et qu'*inter partes* l'acte est valable ; aussi l'art. 1167 a-t-il soin de dire que les créanciers peuvent *en leur nom personnel* attaquer les actes de leur débiteur.

C'est le système suivi par la généralité des auteurs et la jurisprudence (1).

7. .... Les conséquences pratiques de ce système sont celles-ci :

Le tribunal compétent est celui du défendeur;

Les sous-acquéreurs et ceux qui auront acquis des droits réels consentis par le premier acquéreur, ne sont pas soumis à l'action.

8. — Le second caractère de l'action révocatoire est d'être subsidiaire. — Il en résulte que :

1° L'acte attaqué est valable *inter partes* et n'est révoqué que jusqu'à concurrence du montant des créances des demandeurs, c'est-à-dire du préjudice qu'il leur a causé.

2° Le préjudice venant à cesser, il n'y a plus lieu pour les créanciers à intenter l'action et le défendeur pourra toujours en arrêter le cours en désintéressant les créanciers.

9. — Ce caractère de subsidiaire qui appartient à l'action révocatoire, la différencie essentiellement de l'action subrogatoire accordée aux créanciers par l'article 1166 :

« Néanmoins les créanciers peuvent exercer tous les droits et actions de leur débiteur, à l'excep-

______

(1) Capmas, n°ˢ 33 à 41. — Demolombe, XXV, n° 146 *bis.* — Cass. 27 décembre 1843 (D., A., action, n° 85, note 2).

tion de ceux qui sont exclusivement attachés à la personne. »

L'action de l'article 1166 est principale et devra être intentée, s'il y a lieu, avant l'action Paulienne, qui est subsidiaire.

L'article 1166 permet simplement aux créanciers de se mettre au lieu et place de leur débiteur ; l'article 1167 va plus loin et donne le droit aux créanciers d'exercer, en leur nom personnel, une action contre les tiers qui ont traité avec leur débiteur et de faire ainsi rentrer dans le patrimoine de ce dernier des biens dont il s'est dessaisi, avec l'intention de frauder leurs droits.

L'article 1166 prévoit la négligence du débiteur qui sommeille et n'exerce pas tous ses droits. Les créanciers ne pouvant être victimes d'une pareille inertie, c'est à bon droit que l'article 1166 remédie à la perte qu'ils pourraient avoir à subir.

L'article 1167 punit la fraude. — Le débiteur est allé jusqu'à se dessaisir de ses droits ; ses créanciers ne devront pas en souffrir et par la révocation qu'ils feront prononcer, cet acte de leur débiteur sera considéré comme non avenu à leur égard et leur gage sera recouvré.

CHAPITRE II

CONDITIONS D'EXERCICE DE L'ACTION RÉVOCATOIRE

10. — L'art. 1167, qui introduit dans notre droit l'action révocatoire, est ainsi conçu dans sa première partie.

« Ils (les créanciers) peuvent aussi, en leur nom personnel, attaquer les actes faits par leur débiteur en fraude de leurs droits. »

Il semblerait, de prime abord, que le législateur n'exige qu'une condition : *la fraude,* pour donner naissance à l'action. — Mais cette condition est complexe, elle comprend deux éléments, le fait et l'intention, le préjudice causé aux créanciers et l'intention frauduleuse, en autres termes l'*eventus damni* et le *consilium fraudis,* dont le concours est nécessaire.

§ 1

Préjudice :

11. — Le préjudice consiste dans l'insolvabilité causée ou accrue par l'acte même qui est attaqué.

12. — Il faut que cette insolvabilité soit réelle, quand on intente la poursuite ; si elle cessait auparavant ou au moment même, si le débiteur venait à faire des acquisitions de biens qui lui permettraient de désintéresser ses créanciers, ceux-cine pourraient plus se prévaloir de l'action de l'article 1167. Ils n'auraient alors aucun intérêt, et sans intérêt, pas d'action.

« Il y aurait injustice manifeste, dit Proudhon (1), de leur accorder le droit de troubler sans nécessité un tiers possesseur qui ne leur doit rien personnellement, en laissant tranquille celui qui leur doit et qui serait en état de les satisfaire : ils ne doivent donc point être admis à former cette demande, tant qu'il n'est pas constant que leur débiteur ne conserve plus de bien pour les payer. »

13. — Cette condition est essentielle et ne peut être contestée ; il ne suffit pas que le débiteur soit insolvable au moment où les créanciers intentent l'action, mais il faut absolument que l'insolvabilité provienne de l'acte lui-même.

Ainsi un commerçant, qui avait un capital de 150,000 fr. et 100,000 fr. de dettes, maria sa fille et lui constitua en dot 50,000 fr. Il agit ainsi dans la plénitude de son droit. Ses créanciers n'avaient rien à prétendre, cette constitution était

(1) Proudhon, *Usufruit*, IV, n° 2400.

loyale. — Mais quelques mois après, ce commerçant fut déclaré en faillite et la cessation de payements fut reportée, par jugement du tribunal de commerce, à une époque postérieure à la constitution de dot. Les syndics de la faillite demandèrent la nullité des donations faites par le père à sa fille, comme ayant été faites en fraude des droits des créanciers, et la Cour d'Agen repoussa cette prétention :

« Attendu qu'en principe une pareille donation ne pourrait et ne devrait être annulée qu'autant qu'il serait établi qu'à l'époque de la donation le donateur était insolvable ; qu'il connaissait sa position et qu'il avait intention de porter préjudice à ses créanciers...;

Que si ceux-ci éprouvent quelque perte, elle n'est due et ne peut être attribuée qu'aux faits et aux pertes survenus depuis le contrat de mariage (1). »

14. — Lorsque cette insolvabilité résulte d'une série d'actes, tous faits dans l'intention de frustrer les créanciers, le premier acte peut-il être annulé, quoique, considéré isolément, il n'ait pas causé cette insolvabilité ?

Malgré l'appréciation délicate que nécessitent de pareilles conditions, nous pensons qu'il est juri-

____

(1) Agen, 13 janvier 1845 (D, p. 1845, 2, 78). — Dans le même sens : Besançon, 2 janvier 1853 (D. , p. 54, 2, 255). — Cass,. 8 mars 1854 (D., p. 54, 1, 191).

dique de décider que l'action révocatoire doit être appliquée.

Cette question a été jugée, en ce sens, par arrêt de la Cour de Bourges, en date du 12 mai 1863. Et sur pourvoi, la Cour de Cassation a rejeté par ces motifs :

« ... Que la donation faite par Depuichault, père, à ses enfants, le 13 septembre 1844, alors qu'il était en instance depuis plus de trois ans avec Babillot, pour le payement des gages qu'il lui devait, avait nécessairement pour but de soustraire l'immeuble donné aux poursuites de Babillot ; que sous ce rapport et à son origine cette donation présentait le caractère de la fraude et qu'elle avait aussi pour effet immédiat de diminuer le gage des créanciers en faisant disparaître du patrimoine du débiteur un objet d'une valeur relativement considérable ;... qu'enfin si la fraude et le préjudice apparaissent dès le moment de sa donation du 13 septembre 1844, les actes postérieurs, par lesquels Depuichault père s'est dépouillé au profit de ses enfants de tout ce qui lui restait... peuvent, au besoin, servir d'éléments d'appréciation et trahissent d'une manière plus évidente encore, l'intention qui a conduit Depuichault dans tous ses actes, depuis la demande de Babillot... (1). »

15. — Nous avons établi (n° 13) que l'action

(1) Cass., 9 janvier 1865 (D., p. 65, 1, 19.

serait non-recevable pour le cas où le débiteur, encore solvable après l'acte frauduleux, n'a été frappé d'insolvabilité que postérieurement ; mais quid si l'acte avait eu lieu en prévision de cette insolvabilité future ?

Les créanciers auraient, ce semble, qualité pour l'attaquer. Ici s'appliquerait, par analogie, la doctrine qui permet aux créanciers d'atteindre un acte, même quand leurs droits sont nés postérieurement à cet acte, lorsqu'il a eu pour but de frustrer les créanciers à venir. — Dans ce dernier cas on ne tient pas compte de la date postérieure des créances, de même dans le premier, on ne doit pas s'arrêter à cette circonstance que l'insolvabilité du débiteur est postérieure à l'acte frauduleux (1).

16.   Le préjudice est donc un élément essentiel de l'action révocatoire ; les créanciers devront en faire la preuve en établissant l'insolvabilité de leur débiteur.

S'il est commerçant, cette insolvabilité sera suffisamment constatée par la faillite du débiteur. Et pourtant la faillite, résultant de la cessation de payements, n'indique pas que le failli soit insolvable et il arrive même parfois qu'une faillite est

____

(1) Cass., 2 fév. 1852, sur pourvoi contre arrêt de Rennes, 28 août 1848 (D., p. 52, 1, 49). — Comp. Paris, 19 décembre 1866, (D., p. 67, 2, 156). — Bordeaux, 30 novembre 1869 (D.. p. 71, 2, 108). — Ce n'est pas sans hésitation que nous avons admis les solutions des nᵒˢ 14 et 15, qui, à la rigueur, pourraient sembler contraires au principe du concours de la fraude et du préjudice.

close par insuffisance de passif ; mais il y a du moins une présomption légale d'insolvabilité qui autorise les créanciers à agir.

L'état de déconfiture notoire suffira également pour établir l'insolvabilité, car on ne prouve pas ce qui est connu de tout le monde.

Dès que cette insolvabilité est constatée, l'action est recevable, sans qu'il soit besoin de connaître le chiffre du préjudice causé, qui pourra souvent n'être fourni que par une liquidation. Il a été jugé par la Cour de Bordeaux :

« Qu'il n'était en aucune façon nécessaire d'attendre que la liquidation de la communauté conjugale de Menut père et le règlement de sa situation, soit avec son fils, soit avec les créanciers, aient fait connaître le chiffre exact de son passif et du préjudice apporté à ces derniers (1). »

17. — Hors ces cas, les tiers contre lesquels l'action est exercée, peuvent exiger que les créanciers discutent les biens du débiteur.

Ce bénéfice de discussion n'est pas une exception ; c'est une défense au fond, et le tiers défendeur pourra l'opposer en tout état de cause ; mais son silence impliquera sa reconnaissance de l'insolvabilité du débiteur et le juge ne pourra d'office admettre ce bénéfice.

(1) Bordeaux, 30 novembre 1869 (D., p. 71, 2, 108)

Cette situation ressemble à celle de la caution de l'art. 2021, mais elle en diffère essentiellement.

La caution, indépendamment de la discussion préalable des biens du débiteur, est elle-même un débiteur adjoint pour le créancier et, sans le bénéfice de l'art. 2021, les poursuites pourraient être dirigées contre elle, malgré la solvabilité du débiteur principal. C'était la solution du droit romain, avant Justinien, qui introduisit le bénéfice de discussion : le fidéjusseur, comme le débiteur principal, pouvait être poursuivi, au choix du créancier (1).

Au contraire le tiers acquéreur n'est obligé envers les créanciers qu'à la condition qu'ils auront discuté les biens du débiteur. C'est l'insolvabilité de ce débiteur qui donne seule le droit aux créanciers d'agir contre le tiers.

Il en résulte, comme nous venons déjà de le voir, que le défendeur n'est point tenu de requérir la discussion sur les premières poursuites dirigées contre lui (art. 2022) ;

Qu'il n'est tenu ni d'indiquer les biens du débiteur à discuter, ni d'avancer les frais de la discussion (art. 2023).

Mais dans certains cas, cette discussion préalable pourra entraîner bien des difficultés et des frais pour les créanciers. Par exemple si ces biens sont litigieux ou situés en pays étrangers.

____

(1) *Code,* loi 5, liv. VIII, tit. XLI.

Pour les biens litigieux situés en France, le créancier devra les discuter en tenant compte de l'éventualité du litige :

C'est qu'en effet le débiteur n'est pas insolvable s'il possède des biens situés même hors du ressort de la cour, et s'il n'est pas insolvable, le créancier n'a pas l'action Paulienne (1).

Devrons-nous, en suivant la doctrine d'un arrêt de la Cour de Montpellier du 24 mai 1834, confirmé par la Cour de Cassation, le 22 juillet 1835, admettre une restriction à notre règle pour les biens situés en pays étranger ?

La Cour de Montpellier jugeait un cas tout particulier et bien favorable : un débiteur, possédant des biens en France et en Espagne, avait frauduleusement aliéné ses biens situés en France pour obliger son créancier à s'adresser aux tribunaux espagnols.

On ne peut d'une espèce particulière tirer cette règle générale que le créancier n'est pas tenu de discuter les biens situés à l'étranger (2). En effet, puisqu'il est incontestable que l'art. 2023, relatif au cautionnement, n'est pas admis en notre matière, il faut absolument que l'insolvabilité du débiteur soit établie ; elle ne peut l'être que par l'absence de tous biens, quels qu'ils soient. C'est là la règle générale que nous devons appliquer.

(1) M. Guillouard, *loc. cit.*, p. 179.
(2) Laurent, t. XVI, n° 437. — Comp. Capmas, n° 10. — Larombière. — Demolombe, t. XXV, n° 184. — Aubry et Rau, 4e édit., p. 132, note 12.—Cass., 22 juillet 1835 (D., A., *obligations*, n° 966).

Il appartient bien au créancier de rechercher et discuter les biens de son débiteur ; mais s'il ne les connaît point, ou ne les trouve pas, et que le tiers cependant prétende qu'il en existe, ce sera à ce dernier de les indiquer.

§ 2.

Fraude.

18. — Malgré les dettes dont il est grevé, le débiteur n'en conserve pas moins l'administration de son patrimoine, gage commun de ses créanciers, et ceux-ci sont représentés par lui dans tous les actes qu'il fait. S'il administre mal et que par là, il cause un préjudice à ses créanciers, ceux-ci ne peuvent se plaindre : le débiteur était propriétaire, et il n'a fait qu'user de son droit de propriété. — Ses actes sont donc inattaquables, tant qu'il est de bonne foi. Mais dès que cette bonne foi disparaît, dès qu'il y a fraude de sa part envers ses créanciers, ces derniers ne sont plus représentés par lui et peuvent, en leur nom personnel, attaquer les actes accomplis par lui.

La fraude est donc la seconde condition exigée pour l'exercice de l'action révocatoire.

Que doit-on entendre par fraude ?

C'est pour nous, la conscience qu'a le débiteur du préjudice qu'il cause à ses créanciers.— Il n'est pas nécessaire que l'acte ait été machiné contre eux, qu'il ait été commis dans le dessein de leur nuire ; il suffit que le débiteur ait su qu'il allait causer ou accroître son insolvabilité. — Tel est le sens traditionnel et unanime. Question toute de fait, laissée à l'appréciation souveraine des tribunaux.

19. — Quant à la preuve de la fraude, elle se fera par tous les moyens possibles. Elle se fera au moyen des actes attaqués eux-mêmes, de tous autres et aussi de la preuve testimoniale, parce qu'il y a fraude, donc délit civil se prouvant par tous moyens ; — parce que d'ailleurs il sera presque toujours impossible aux créanciers de se procurer la preuve écrite de cette fraude (art. 1348). — Cette preuve se fera donc par témoins, même si l'intérêt du litige est supérieur à une valeur de 150 fr. De plus les présomptions pourront être admises par le juge, pourvu qu'elles soient graves, précises et concordantes (art. 1353).

20. — Mais ce second élément, la *fraude*, sera-t-il exigé dans tous les actes qu'a pu faire le débiteur ?

Question qui a donné lieu à un grand nombre de systèmes.

Pour nous, il nous paraît certain que notre Droit, suivant la tradition, exige la fraude chez le débiteur, sans distinguer si ses actes sont à titre gratuit ou à titre onéreux, aliénations, obligations ou renonciations.

21. — Nous savons que le débiteur peut causer son insolvabilité soit par des actes à titre onéreux, soit par des actes à titre gratuit.

Pour les actes à titre onéreux, tout le monde est d'accord, l'art. 1167 doit être appliqué, il n'y a pas d'exception à la règle générale qu'il pose : il faut que le débiteur ait su qu'il allait causer un préjudice à ses créanciers.

Pour les actes à titre gratuit, le préjudice est une condition essentielle. Pas de difficultés sur ce point, on reconnaît que le code a suivi la règle Romaine.

Mais quant à la fraude, le Code ne présente plus la même certitude. Il se sert d'expressions différentes dans les divers textes qui ont trait à l'action révocatoire.

L'art. 1167 emploie le mot *fraude* et exige donc les deux éléments.

Les art. 622, 788 et 1053 se servent uniquement du mot *préjudice* et semblent repousser le second élément : la connaissance du préjudice, l'intention.

L'art. 1464, postérieur à ces trois articles, revient au mot *fraude* de l'art. 1167.

Puis l'art. 2225, admis dans notre code postérieurement à l'art. 1464 ne parle que de l'*intérêt*.

Pour qu'on puisse se rendre un compte exact et complet de la question, nous réunissons ici les textes des articles qui formeront la base et l'objet de cette discussion :

Art. 1167 : « Ils peuvent aussi, en leur nom personnel, attaquer les actes faits par leur débiteur *en fraude* de leurs droits. »

Art. 622 : « Les créanciers de l'usufruitier peuvent faire annuler la renonciation qu'il aurait faite à leur *préjudice*. »

Art. 783 : « Les créanciers de celui qui renonce au *préjudice* de leurs droits peuvent se faire autoriser en justice à accepter la succession du chef de leur débiteur. »

Art. 1053 : « ... l'abandon anticipé de la jouissance au profit des appelés ne pourra *préjudicier* aux créanciers du grevé antérieurs à l'abandon. »

Art. 1464 : « Les créanciers de la femme peuvent attaquer la renonciation qui aurait été faite par elle ou par ses héritiers *en fraude* de leurs créances et accepter la communauté de leur chef. »

Art. 2225 : « Les créanciers, ou toute autre personne *ayant intérêt* à ce que la prescription soit acquise, peuvent l'opposer, encore que le débiteur ou le propriétaire y renonce. »

Comme nous l'avons dit, ces divergences d'expressions ne nous empêchent pas de décider que la règle générale posée par l'art. 1167 ne souffre aucune exception. Il faut que dans tout acte, à titre onéreux ou gratuit, nous rencontrions le concours du préjudice subi par les créanciers et de la fraude de la part du débiteur.

C'est le seul système qui se fonde sur le texte et sur l'esprit de la loi.

22. — L'art. 1167 se sert de termes clairs et absolus : « Les créanciers peuvent attaquer les actes faits par leur débiteur *en fraude de leurs droits.* » C'est là que se trouve le caractère général de l'action révocatoire.

La révocation est accordée aux créanciers parce que leur gage est diminué frauduleusement. Pas de distinctions entre les donations et les autres actes. — Ces principes avaient été puisés dans le droit romain ; ils étaient admis dans notre ancien droit, et il eût fallu, pour y déroger, un texte précis et clair.

23. — Ces textes, contenant des dérogations à la règle générale existent-ils quelque part ?

Oui, dit-on : dans les art. 622, 788, 1053 qui, eux, n'exigent que la preuve du préjudice quand il s'agit d'une donation (1).

Ces articles n'ont certainement pas le sens qu'on leur attribue. Ils sont l'application du principe défini dans l'art. 1167 : « les actes (en général) faits en fraude ». Si cette distinction qu'on allègue avait été dans l'intention de nos législateurs, ils auraient dit « les actes à titre onéreux », puisque d'autres articles devaient, dit-on, s'occuper des

(1) Aubry et Rau, IV, p. 135, note 18.

actes à titre gratuit. — L'on ne peut vraiment chercher le principe dans des articles qui ne sont qu'une application et considérer comme lettre morte l'article qui s'occupe uniquement de formuler une règle générale sans en faire d'application.

D'ailleurs dans les articles qu'on oppose, il n'est point question de *donations*, mais bien de renonciations. Et la confusion entre ces deux actes n'est pas possible ; les renonciations ne forment qu'une spécialité d'actes à titre gratuit, et l'on ne pourrait, en tous cas, étendre la décision qui les concerne ; et en faire une règle générale : ce serait anti-juridique.

Mais il existe un autre article qui traite, lui aussi, des renonciations faites au préjudice des créanciers, c'est l'art. 1464, postérieur aux trois autres, qui permet d'attaquer la renonciation à la communauté faite par la femme *en fraude* de ses créanciers. Pour cette renonciation, le *préjudice* ne suffit plus, il faut la *fraude*, comme l'exige l'art. 1167. Le Code n'a donc point établi de principe distinct pour les actes à titre gratuit, et ce principe ne peut être formulé dans les articles qu'on invoque contre notre système.

Mais, ajoute-t-on, c'est par inadvertance que les rédacteurs du Code se sont servis, dans l'art. 1464, du mot *fraude*, au lieu de celui de *préjudice*. — Moyen vraiment trop commode pour que nous puissions prendre l'argument au sérieux : supprimer un texte qui embarrasse.

Il y a encore, dit-on, l'art. 2225 qui donne, à

toute personne *ayant intérêt,* le droit de s'opposer à la renonciation à une prescription acquise. — Cet article, dont la rédaction est fort obscure, a fait naître de nombreuses controverses sur sa signification ; nous l'examinerons plus loin en partageant l'avis des auteurs qui prétendent qu'il ne déroge pas à l'art. 1167 (no 53).

24. — Les art. 622, 788 et 1053 ne parlant que de *préjudice* pour les renonciations, faut-il, les prenant à la lettre, décider que, pour ce cas au moins, le préjudice seul sera exigé et que ces articles seront une exception à la règle de l'art. 1167, et que par conséquent les créanciers pourront attaquer les renonciations à un usufruit, à une succession, à une substitution, même quand leur débiteur sera de bonne foi, pourvu qu'il en résulte pour eux un préjudice (1)?

Avec ce système, les textes présenteraient une trop grande contradiction pour que nous puissions l'admettre.

Ainsi l'art. 788 permet aux créanciers d'attaquer la renonciation d'un successible à l'hérédité, lorsque cette renonciation est faite à leur *préjudice :* ici le *préjudice* suffit. — Mais plus loin, l'art. 1464 permet aux créanciers d'attaquer la renonciation à la communauté consentie par la femme *en fraude* de leurs droits ; ici la fraude est exigée. E

---

(1) Demante, V, no 82 *bis.* — Capmas, p. 33.

pourtant ces deux cas sont identiques : renonciation à succession ou renonciation à communauté. N'y a-t-il pas là contradiction ?

Quand des dispositions ne sont que des applications à un principe, c'est par ce principe qu'il faut les interpréter. La règle ici est l'art. 1167, qui veut que le débiteur ait commis *une fraude* à l'égard de ses créanciers. Elle doit être appliquée dans tous les cas où un acte est attaqué par les créanciers comme leur portant préjudice, par conséquent aux renonciations, ce que décide l'art. 1464. — Les art. 622, 788 et 1053, comme l'art. 1464, ne sont que des applications de la même règle et doivent être interprétés de la même façon. Et ainsi l'harmonie sera conservée dans notre Code.

On peut ajouter que le mot *préjudice* est employé comme synonyme de *fraude,* puisque la *fraude* de l'action Paulienne consiste précisément dans le préjudice que le débiteur cause sciemment et volontairement à ses créanciers.

25. — Les travaux préparatoires ne peuvent être d'aucun secours pour trancher la question, car ils sont invoqués par les partisans des divers systèmes.

D'un côté l'on dit que le mot *fraude* se trouvait dans le projet primitif, mais que, sur les observations du Tribunal de Cassation, qui prétendait que le préjudice suffisait, le mot *préjudice* fut substitué à celui de *fraude.* C'est vrai, mais d'un autre côté on

répond : le Tribunal de Cassation ne s'était pas contenté de réclamer cette substitution, mais il voulait
qu'on ajoutât un article portant que l'action révocatoire serait toujours admise contre la renonciation
faite par le débiteur à un titre lucratif, tel qu'une
succession ou une donation. Le Conseil d'État, pour
donner raison à ce vœu, avait fait suivre l'art. 1167
de cette disposition :

« Lorsqu'un débiteur a renoncé à une succession,
le créancier peut l'accepter du chef de son débiteur. Le créancier peut aussi demander l'exécution
à son profit d'une donation que son débiteur aurait
d'abord acceptée et à laquelle le débiteur aurait
ensuite renoncé. »

Cette partie de l'art. 1167, qui contenait tout le
système du Tribunal de Cassation a été supprimée.
Donc ce système a été abandonné et pour être logique on aurait dû revenir sur la rédaction des articles antérieurs et faire disparaître les traces d'un
système qu'on venait de rejeter.

26.— La jurisprudence a eu rarement à prendre
parti et toujours elle l'avait fait dans le sens que
nous avons soutenu : la preuve de la fraude est
toujours nécessaire.

« Si quelquefois la loi semble attacher le droit de
révocation au fait du préjudice souffert, comme au
cas de renonciation à un droit d'usufruit (622), à une
succession (788), à la jouissance de biens substitués
(1053), ou à une prescription acquise (2225), c'est

que dans ces diverses hypothèses, l'évidence du préjudice causé exclut toute bonne foi et relève au contraire une intention manifeste de frauder les créanciers, »
dit un arrêt de la Cour de Grenoble (1).

C'est également l'opinion de la généralité des auteurs (2), qui ont ainsi admis la tradition.

Cependant un arrêt assez récent (6 avril 1875), a décidé que le créancier, dont le débiteur a renoncé à une succession ouverte à son profit, n'est pas tenu, pour se faire autoriser en justice à accepter la succession, du chef de son débiteur, d'établir que la renonciation a eu lieu en fraude de ses droits ; il lui suffit de prouver qu'elle a eu lieu à son préjudice (3).

C'est le premier arrêt rendu en ce sens, et malheureusement la Cour a été trop sobre sur les motifs qui l'ont amené à soutenir cette doctrine ; elle s'est contentée d'affirmer le principe sans le démontrer :

« Pour être autorisé à invoquer les dispositions de l'art. 788 C. civ., il n'est pas tenu de prouver que c'est en fraude de ses droits qu'elle a renoncé à la succession de sa mère : qu'il lui suffit d'établir le préjudice dont cette renonciation le rend passible. »

---

1) Grenoble, 29 avril 1852 (D., a. *obligations*, n° 972 1°). — Comp., Bordeaux, 13 février 1826 (D., a. *oblig.*, n° 990, 4°).

(2) Toullier, III, n° 348. — Proudhon, IV, nᵒˢ 2353-2359. — Marcadé, art. 1167, n° 11. — Larombière, n° 14. — Demolombe, XXV, nᵒˢ 194-195. — Laurent, XVI, n° 445.

(3) Rennes, 6 avril 1875 (D., p. 77, 2, 137).

27. — Le droit romain, où est née et a été organisée l'action de l'art. 1167, n'admettait la révocation, même pour les actes à titre gratuit, que lorsque la fraude était établie (1).

Il en était de même dans notre ancien droit, où cependant la question avait été controversée pour les renonciations seulement ; mais tous les auteurs, suivis ordinairement par les rédacteurs du Code, enseignaient, même dans le cas de renonciation, la théorie romaine (2).

« Il suffit que le dessein de fraude se soit rencontré en la personne du donateur », dit Ricard.

Et Pothier est très net et répète les mots *fraude* et *frauduleux*. Il parle d'une veuve qui avait le droit de prendre son apport en renonçant à la communauté et qui avait, *en fraude* de ses créanciers, accepté cette communauté mauvaise. Les créanciers, dit-il, pourront faire déclarer cette acceptation nulle et *frauduleuse* « par suite de ce principe de notre jurisprudence qu'un débiteur ne peut en *fraude* de ses créanciers se désister des droits qui lui sont acquis.

(1) Dig. liv. 1, loi 6, § 8 et 12, loi 3, liv. XLII, tit. VIII.
(2) Ricard, *don.*, nᵒˢ 747-749. — Lebrun, *success.*, liv. III, ch. viii, sect. 2, nᵒ 27. — Boutaric, — Basnage, sur l'art. 278 de la *Coutume de Normandie*. — Par suite d'une erreur typographique, M. Demolombe, nᵒ 191, et après lui divers auteurs indiquent l'art. 279 de la *Coutume de Normandie*. — Pothier, *oblig.*, nᵒ 153. — *Com.*, nᵒ 533. — *Success,*, ch. iii, sect. 3, § 3.

§ 3.

Complicité de la fraude dans la personne des tiers.

28. — Quelle règle devrons-nous suivre à l'égard du tiers qui a traité avec le débiteur; devra-t-il être complice de la fraude ?

Nous établirons une distinction entre les actes passés entre eux. — Pour les actes à titre onéreux, nous exigerons la fraude de la part du tiers ; pour les actes à titre gratuit, cette fraude ne sera plus nécessaire : distinction qui n'est point contenue dans l'art. 1167, mais qui était suivie en droit romain et a été admise dans notre ancien droit. Aussi ne rencontrerons-nous aucune controverse sur ce point (1).

Actes à titre onéreux. — Nous avons dit que l'action révocatoire serait admise contre cet acte à la condition que le tiers ait connu la fraude du débiteur avec lequel il traitait et qu'il ait ainsi été complice de cette fraude.

Dans quelle condition se trouvent en effet et le créancier, qui veut faire révoquer une aliénation à titre onéreux, et le tiers acquéreur, qui doit dé-fendre à cette action ? — Elle est la même : tous

(1) Dig., loi 6, § 11, liv. XLII, tit. VIII.— Domat, liv. II, tit. X, sect. 1, nᵒˢ 2 et suiv. — Pothier, *Oblig.*, nᵒ 153. — Ricard, 3ᵉ part., ch. vii, sect. 3, nᵒ 748. — Furgole, *Testam.*, ch. xi, sect. 1, nᵒ 18, vol. IV, p. 230. — Toullier, VI, nᵒˢ 353 et suiv. — Proudhon, *Usuf.*, IV, nᵒ 2356. — Duranton, X, 575. — Demo-lombe, XXV, nᵒ 196. — Aubry et Rau, IV, p. 135, note 18.

deux *certant de damno vitando :* le créancier défend ce qui est son gage ; le tiers veut profiter de la spéculation qu'il a faite. Cependant il faudra bien que l'un des deux subisse une perte. Ce sera celui qui aura une faute à se reprocher. — Si le tiers a été de bonne foi, aucun reproche ne peut lui être adressé, puisqu'il a traité avec une personne capable. — Le créancier au contraire a commis la faute d'avoir été trop confiant en n'exigeant pas de garanties spéciales de son débiteur.

En supposant même leur situation aussi favorable, le tiers sera préféré parce qu'il est en possession du bien aliéné et qu'il est de règle que *in pari causa, possessor potior haberi debet.*

La situation du tiers acquéreur ne sera donc moins favorable que dans le cas où il aura connu la fraude commise par son vendeur et qu'il en sera ainsi devenu complice. Le créancier, demandeur à l'action, aura alors à prouver et la fraude de son débiteur et la complicité du tiers acquéreur.

Actes à titre gratuit. — Lorsque les actes consentis sont à titre gratuit, les rôles changent. Les créanciers ont toujours leur gage à défendre, *certant de damno vitando ;* mais le tiers acquéreur *certat de lucro captando ;* il n'a plus de perte à éviter, mais un gain à réaliser ; il sera donc traité moins favorablement que le créancier, qui pourra obtenir contre lui, malgré sa bonne foi, la révocation de l'acte qui l'a mis en possession.

La bonne foi du tiers ne lui aura pas été inutile toutefois : n'étant tenu qu'en vertu du principe *que nul ne doit s'enrichir aux dépens d'autrui* , il n'aura aucune perte à subir et ne devra restituer que le bénéfice qu'il aura retiré de l'acte attaqué.

29. — Quand y aura-t-il fraude de la part du tiers acquéreur ?

Il n'est pas nécessaire qu'il y ait un concert de fraude entre lui et le débiteur ; il suffit qu'il ait eu connaissance de la fraude, même s'il n'en retire aucun profit ; mais il faut absolument que cette connaissance soit certaine, car on ne peut être complice d'un fait qu'on ignore.

La connaissance seule de l'insolvabilité du débiteur ne fait pas disparaître la bonne foi du tiers, puisque l'insolvabilité ne constitue pas, par elle-même, une preuve de fraude de la part du débiteur, et que pour être complice d'une fraude il faut tout d'abord que cette fraude existe.

C'est ce qui a été jugé par arrêt de la Cour de Caen : Un débiteur en déconfiture cède sa récolte à l'un de ses créanciers, en payement de sa dette, et cause ainsi un préjudice à ses autres créanciers. Il n'y a pas fraude, le préjudice ne suffit pas pour autoriser l'action Paulienne :

« Qu'aucune loi ne déclare nuls les payements faits de bonne foi par un débiteur tombé en déconfiture ; que l'art. 446 C. comm..... est une exception... ; que l'on ne pourrait, sans violer les règles du droit, admettre le même principe pour des payements faits à des créanciers qui reçoivent ce qui leur est dû par leur débiteur en déconfiture, encore que cet état de déconfiture fût connu du créancier ;

Il est vrai que la cession qu'il (le tiers) s'est fait faire des récoltes de son débiteur a eu pour résultat de porter préjudice aux autres créanciers..., mais que ce résultat est la conséquence de la vigilance que Lépicier (le tiers) a mise à veiller à la conservation de ses intérêts (1). »

30. — Les conséquences de cette distinction sont donc bien importantes ; aussi est-il essentiel, quand un acte est attaqué, d'en reconnaître le caractère : est-il à titre onéreux, est-il à titre gratuit ?

Cette question appliquée aux donations par contrat de mariage divise les auteurs et la jurisprudence ; elle est née à propos de la constitution de dot, déjà controversée en droit romain.

Nous considérerons ces donations à cinq points de vue différents :

1° Entre les futurs époux.

2° A l'égard du constituant de la dot.

3° Entre le constituant et le constitué.

4° Entre le constituant et l'époux du constitué.

5° Entre la femme et le mari.

(1) Caen, 24 juillet 1857 (D., p. 58, 2, 12). — Cass., 12 fév. 1849, (D., p. 49, 1, 127). — En sens contraire : Colmar, 6 août 1851 (D., p. 55, 2, 258). — Cass., 6 mai 1857 (D., p. 57, 1, 299).

31. — *Entre les futurs époux.* — Lorsqu'il s'agit de donations faites par l'un des époux à l'autre, c'est sans contredit un acte à titre gratuit. Et la Cour de Cassation elle-même ne s'est jamais refusée à leur reconnaître ce caractère. Deux futurs époux s'étaient fait réciproquement donation, le premier mourant au survivant, quel qu'il soit, d'une pension annuelle et viagère. Un arrêt de Cassation, du 2 janvier 1843, décida que les créanciers du mari avaient le droit, après le décès de celui-ci, de demander la révocation de cette donation, parce que le mari savait qu'au moment de son mariage, il était au-dessous de ses affaires et que cette donation, porterait préjudice à ses créanciers :

« Il n'était pas nécessaire, dit l'arrêt, que celle-ci (la femme) fût complice de cette fraude ; il s'agissait, en effet, dans l'espèce, d'une véritable donation, et, dans ce cas, l'action en révocation ne prend nullement en considération la bonne foi de la personne gratifiée ; on ne saurait enlever à cet acte le caractère de libéralité, soit parce qu'il avait été fait par contrat de mariage, soit parce qu'il serait réciproque (1). »

32. — *A l'égard du constituant.* — Ici la réponse est certaine et unanime, c'est bien un acte gratuit, c'est une donation. Le donateur, le constituant de la dot, ne reçoit aucun équivalent de ce

____

(1) Cass., 2 janv. 1843 (D., A., dispositions entre vifs, n° 2274).

qu'il donne. De plus, de sa part c'est un acte volontaire, *nul ne dote qui ne veut ;* l'obligation pour le père de doter ses enfants n'existe plus dans notre droit, comme elle existait en droit romain.

Cette constitution de dot est donc bien gratuite et spontanée : double caractère de la donation.

Il n'est pas douteux :

Que si cette libéralité est faite à un successible, elle ne doive être rapportée à la succession du donateur, à moins d'une dispense expresse de rapport ;

Que si elle dépasse la quotité disponible elle ne soit sujette à réduction ;

Qu'elle ne soit révocable pour cause de survenance d'enfant ;

Qu'elle ne puisse faire l'objet d'une stipulation de retour conventionnel.

33. — *Entre le constituant et le constitué.* — La Cour de Cassation et quelques auteurs ne considèrent pas les constitutions de dot comme de simples dispositions faites à titre purement gratuit, mais bien comme participant du contrat à titre onéreux, au regard du constitué (1).

Voici, en résumé, le système de la Cour de Cassation :

(1) Cass., 25 fév. 1845 (D., 45, 1, 173). — 2 mars 1847 (Dev., 47, 1, 185), arrêt rendu sur les conclusions de Delangle, alors avocat général. — 23 juin 1847. — 24 mai 1848. — Bourges, 9 août 1847. — Riom, 27 mars 1849. — Grenoble, 3 août 1853. — Poitiers, 21 août 1878. — Duranton, X, n° 579. — Duvergier, sur Toullier, III, n° 354, note 1.

Les constitutions de dot sont faites en vue de l'union qui va se former et pour aider les époux à en supporter les charges; l'art. 1540 déclare, en effet, que quel que soit le régime contractuel adopté par les époux, la dot a pour destination essentielle de pourvoir aux charges de l'union conjugale. — Ainsi l'acte qui constitue la dot n'est donc pas de pure bienfaisance, mais participe du contrat à titre onéreux à l'égard de chacun des époux.

La loi a environné les constitutions de dot d'une grande faveur et notamment, d'après les art. 1440 et 1547, ceux qui constituent une dot sont tenus à la garantie des objets constitués, ce qui est un des éléments des contrats à titre onéreux, et répugne aux dispositions purement gratuites.

Aux termes de l'art. 959, les donations en faveur du mariage ne sont pas révocables pour cause d'ingratitude.

Si l'art. 1167 autorise les créanciers à attaquer les actes faits en fraude de leurs droits, il leur impose l'obligation de se conformer aux règles du titre *du contrat de mariage* et *des droits respectifs* des époux. Or, d'après l'art. 1395, les conventions matrimoniales sont irrévocables.

Le caractère à titre onéreux des constitutions de dot résulte donc, soit de la nature des obligations auxquelles sont tenus les constituants, soit de la destination de la dot, et il n'y a aucune différence à faire entre la dot constituée à la femme et la donation faite au mari par ses père et mère en considération du mariage, puisqu'il y a même garantie de la part des constituants, même destination des objets constitués et même irrévocabilité (1).

34. — La Cour de Cassation n'a pu aller puiser cette doctrine dans la tradition. La plupart des commentateurs reconnaissent que la loi 25, § 2, au Digeste, faisait une distinction et que la constitution de dot, en ce qui concerne la femme, était un titre lucratif.

Pothier, dans l'observation qui précède la loi 25, s'exprime ainsi :

« Quum dos, quæ pro muliere in fraudem creditorum, sit, respectu viri, causa onerosa : respectu autem mulieris causa lucrativa : hinc sequitur quod, ut adversus virum agi possit, requiritur in eo conscientia fraudis. Non requiritur autem in muliere ut adversus eam agatur ? »

Et Furgole :

« Si le mari a reçu la dot, on distingue s'il a connu la fraude ou non... Que s'il s'agit de l'intérêt de la femme à laquelle la dot a été constituée, on n'examine pas si elle a eu connaissance de la fraude, parce que, à son égard, c'est une libéralité et un titre lucratif (2). »

L'action étant toute de tradition, il faudrait une innovation écrite dans le Code pour que nous puissions nous écarter de cette tradition.

(1) Rivière, *Revue des variations de la jurisprudence de la C. de Cass.*, p. 494. — Cass., 14 mars 1848.
(2) Furgole, *Testam.*, ch. ii, sect. 1, n° 20.

On a le droit d'être étonné que la Cour de Cassation ait pu embrasser un système aussi contraire à la tradition et aux textes mêmes.

Nous venons de voir que la Cour elle-même reconnaît qu'à l'égard du constituant la constitution de dot est bien un acte à titre gratuit ; et comment concevoir qu'un même contrat soit à titre gratuit au point de vue de l'un des contractants, et à titre onéreux au point de vue de l'autre.

On ne peut contester que la constitution de dot ne soit une libéralité. L'art. 204 le dit d'une façon implicite :

« L'enfant n'a pas d'action contre ses père et mère pour un établissement par mariage. »

Elle est soumise aux règles des donations quant à la forme et quant au fond : elle doit être faite par acte authentique (art. 1573), elle est sujette à réduction, au rapport, à révocation.

Cependant, dit la Cour de Cassation, cette donation est à titre onéreux, parce que la dot est définie par l'art. 1540 :

« Le bien que la femme apporte au mari pour supporter les charges du mariage. »

Ce n'est donc pas, ajoute-t-elle, un acte de *pure bienfaisance*, mais il participe des contrats à titre onéreux à l'égard des époux (1).

Que signifie cette nouvelle distinction en libéra-

______

(1) Cass., 23 juin 1847 (D., p. 47, 1, 242).

lités de pure bienfaisance et actes participant des contrats à titre onéreux ?

La constitution de dot est une libéralité, une donation, donc un acte à titre gratuit. Une libéralité ne peut jamais être à titre onéreux ; ce serait lui enlever son caractère même de libéralité. Et c'est cependant là qu'aboutit la prétention de la Cour de Cassation.

Cette confusion dans les termes a dû être causée par le mot *charges* qu'emploie l'art. 1540. — Il est bien vrai qu'une donation avec charges participe des contrats onéreux, dans la proportion du montant des charges imposées. — Mais ici où est la charge imposée ? — de nourrir et d'élever les enfants ? — Ce n'est pas le donateur qui impose cette *charge*, c'est la loi (art. 203) ; — c'est la conscience, c'est un devoir qui sera rempli même quand il n'aura pas été constitué de dot.

Est-ce la *charge* de fournir des aliments aux ascendants ? — Mais c'est la loi naturelle, c'est la loi civile (art. 205) qui en font un devoir, auquel la femme ou le mari ne pourront se soustraire, sous le prétexte qu'il n'ont pas reçu de dot. La femme elle-même, si les liens qui la rattachent à la famille de son mari, après le décès de celui-ci, ne sont pas brisés, s'il lui reste des enfants, la femme sera tenue de cette dette à l'égard des père et mère de son mari. Et ce n'est pourtant pas d'eux qu'elle aura reçu une dot ?

Voilà quelles sont les principales *charges* du

mariage, et toutes elles sont indépendantes de la constitution de dot.

Et par ailleurs, tout donateur, qui a imposé une charge, peut obliger le donataire à la remplir, ou, en cas de refus il peut faire révoquer la donation ; c'est un contrat bilatéral, les deux parties ont des droits qu'ils peuvent faire respecter. — Ici, en notre matière, où est-il ce contrat bilatéral ? — Le père qui dote sa fille a-t-il action contre elle pour la contraindre à remplir la charge imposée par la loi, à élever, à nourrir ses enfants, par exemple ? A-t-il, en cas d'inexécution, le droit de demander la révocation de la constitution de dot ? Eh non. — Le père ne peut même pas surveiller l'emploi de la dot. — Il a fait un simple avancement d'hoirie à sa fille, acte éminemment à titre gratuit.

Et qu'est-ce donc qu'un contrat à titre onéreux ? Il est défini par le code, art. 1106 :

« Celui qui assujettit chacune des parties à donner ou à faire quelque chose. »

En recevant la dot que lui constitue ses père et mère, la fille ne s'assujettit à rien. — Ce n'est donc point à son égard un contrat onéreux. — C'est bien plutôt le contrat de bienfaisance de l'art. 1105 :

« Le contrat de bienfaisance est celui dans lequel l'une des parties procure à l'autre un avantage purement gratuit. »

Mais les art. 1440 et 1547, ajoute la Cour de Cassation, déclarent que garantie de la dot est due

par toute personne qui l'a constituée ; dans les
contrats onéreux seuls la garantie peut être due,
elle ne l'est jamais par un donateur ; donc la constitution de dot est un acte à titre onéreux.

La garantie est bien de la nature des contrats
onéreux, parce que la partie qui donne reçoit l'équivalent de ce qu'elle donne. — La garantie qui
nous occupe n'a rien de commun avec la garantie
de ces contrats, puisque le constituant ne reçoit
rien en compensation de ce qu'il donne. Cette
garantie spéciale est due :

« Parce que, dit la Cour de Grenoble (1), quoi
qu'il n'y ait, dans une donation pure et simple par
contrat de mariage, rien de commutatif, rien de
profitable au donateur, qui fait un don purement
gratuit, cependant ce contrat méritait une faveur
particulière et devait obliger plus étroitement le
donateur qu'une autre libéralité ; que dès que, sur
la foi de cette promesse, les époux avaient passé
outre à la célébration du mariage, l'engagement du
donateur revêtait un caractère plus sacré, et il
devenait plus équitable qu'en tant qu'il s'agît de
lui personnellement, il fût tenu à la garantie de son
obligation, non parce que, à son égard, le contrat
était à titre onéreux, mais parce qu'il aurait porté
préjudice aux époux en les décidant à s'imposer
les liens du mariage par l'appât d'un avantage qui
ne se serait pas réalisé. »

(1) Grenoble, 3 février 1842 (D., A. faillite, n° 277 2°).

De plus, si la garantie est de la nature des contrats onéreux, elle n'est pas de l'essence de ces contrats, et n'est pas davantage de l'essence des constitutions de dot. Si le vendeur peut stipuler qu'il ne sera soumis à aucune garantie (art. 1627), le constituant peut aussi stipuler la même condition. — D'un autre côté la garantie n'est pas essentiellement contraire aux contrats gratuits, le donateur pourrait l'accorder contre lui.

L'on peut donc dire avec raison que cette garantie légale n'est point une preuve d'onérosité, elle indiquerait beaucoup mieux que la constitution de dot est une libéralité plus libérale que les autres.

La Cour de Cassation invoque encore l'irrévocabilité des conventions matrimoniales (art. 1395) :

« Elles ne peuvent recevoir aucun changement après la célébration du mariage. »

Que veut donc dire cet art. 1395 ? — Que les époux ne peuvent plus, après la célébration du mariage, changer leurs conventions, mais non que les tiers ne peuvent plus attaquer la constitution de dot pour cause de fraude. La Cour de Cassation elle-même est obligée de le reconnaître, puisqu'elle admet qu'en prouvant la fraude contre la femme cette révocation pourra avoir lieu. Cette irrévocabilité n'a donc point le sens que lui attribue la Cour de Cassation. — Et par exemple qu'un immeuble, appartenant à un tiers, soit constitué en dot, est-ce que le principe d'irrévocabilité de

l'art. 1395 ferait obstacle à la revendication du
véritable propriétaire ? Non sans aucun doute.

35. — Malgré la faiblesse incontestable des
arguments de la Cour suprême, la plupart des
Cours et Tribunaux suivent cette jurisprudence,
contre laquelle il devient, en pratique, pour ainsi
dire inutile de lutter. Cependant il y a des récalci-
trants qui ne consentent pas l'abandon des principes,
et tout récemment (5 février 1878) (1), le Tribunal
de Poitiers, dans un jugement fortement motivé, a
soutenu le système que nous venons de défendre :

« Attendu, dit le jugement du Tribunal, que
les donations faites par contrat de mariage présentent, à n'en pas douter, le caractère de contrat
de bienfaisance, puique les donateurs se dépouillent
par une manifestation libre et spontanée de leur
volonté et que les donataires ne sont tenus à leur
égard, ni de donner, ni de faire quoi que ce soit
à titre de réciprocité ;

« Que les charges du mariage en vue desquelles
ces libéralités sont faites, pas plus que la garantie
qui leur est attachée, ou la défense de les faire
révoquer pour cause d'ingratitude, n'en peuvent
altérer la nature, ni les transformer en contrats à
titre onéreux ; qu'en effet, les charges du mariage
dérivent du mariage lui-même et non des avantages dont il a pu être l'occasion ;

(1) *Tribunal de Poitiers*, 5 février 1878, infirmé par arrêt de la
Cour de Poitiers du 21 août 1878.

« Attendu que les avantages accessoires et accidentels n'entraînent aucune obligation du gratifié pour le gratifiant, qui, de son côté, n'a aucun moyen de surveiller ou d'assurer l'exécution des charges du mariage, et qui se trouve exactement dans la situation de tout autre donateur qui se serait dépouillé en vue de la réalisation d'une entreprise quelconque et qui n'en resterait pas moins donateur, que l'entreprise soit ou ne soit pas réalisée ultérieurement ;

« Que d'autre part, si les constitutions dotales sont assujetties à la garantie et ne sont point révocables pour cause d'ingratitude, il n'en faut pas chercher le motif ailleurs que dans la faveur particulière dont le mariage est entouré, ni prétendre en tirer logiquement d'autre conséquence que celle-ci, à savoir que la libéralité est ainsi rendue plus lourde pour le donateur, quand, au contraire, elle devient plus lucrative pour le donataire ;

« Attendu qu'étant acquis que les donations par contrat de mariage constituent des contrats de bienfaisance, il en résulte que les créanciers sont libres de les attaquer lorsqu'elles sont faites en fraude de leurs droits, comme ils pourraient le faire pour tous autres actes de pure libéralité et sans avoir à se préoccuper ni du principe de l'immutabilité des conventions matrimoniales, qui ne veut rien dire autre chose, si ce n'est que ces sortes de conventions ne peuvent être modifiées, postérieurement au mariage, par des conventions nouvelles (art. 1395), ni de la restriction apportée par le deuxième paragraphe de l'art. 1167 du Code civil, au principe général contenu dans le paragraphe 1, ni d'établir la complicité soit de l'époux donataire, soit de son conjoint, soit de tous les deux à la fraude commise par le donateur, sauf à n'exécuter, contre le mari de bonne foi, les condamnations obtenues à l'encontre du donateur et de la femme donataire, qu'après la dissolution du mariage, c'est-à-dire après l'extinction des droits que le mari est considéré, dans ce cas, comme ayant acquis à titre onéreux sur la dot qui lui a été apportée par sa femme en vue de supporter les charges du ménage. »

36. — Lorsque le constitué est le mari au lieu d'être la femme, l'argumentation de la Cour de cassation est, s'il est possible, encore plus faible ; car le texte qu'elle invoque principalement, lui fait défaut. L'art. 1540 disait bien que la dot est le bien que la femme apporte au mari pour supporter les charges du mariage ; mais il ne dit point que les biens donnés au mari soient une dot.

Lorsqu'une dot est constituée à une femme, qui l'apporte alors au mari, celui-ci peut encore bien la recevoir avec une destination onéreuse. Et la femme, si son mari n'emploie pas ces biens comme ils doivent l'être, a le droit d'y veiller et même de demander la séparation de biens ; mais quand des biens sont donnés au mari, même sous le nom de dot, il en reste l'unique maître; aucune charge ne lui est imposée.

37. — Pourquoi donc cette jurisprudence si favorable qu'elle en devient illégale?

M. Delangle, alors avocat général, a tenté de les exposer dans ses conclusions devant la cour suprême qui rendit un arrêt conforme, celui du 2 mars 1847 :

« Une famille s'est formée sous la foi de la constitution dotale; des enfants sont nés; il faut pourvoir à leur avenir il faut aussi pourvoir aux charges journalières du mariage. Révoquer cette constitution, c'est ébranler la famille jusque dans ses fondements, contrairement à toutes les notions de justice et d'équité. »

Et la Cour de Rennes :

« Un avancement d'hoirie fait par un père en faveur de sa fille dans le contrat de mariage de celle-ci ne présente pas les mêmes caractères que les donations ordinaires faites à titre purement gratuit. En effet, les conventions matrimoniales qui établissent entre deux familles les conditions de leur alliance, entre deux époux les conditions de leur association et qui posent les bases sur lesquelles une nouvelle famille se constitue, sont toutes essentiellement corrélatives entre elles; elles puisent dans leur origine, dans leur but, dans la solennité même et dans la notoriété de l'événement auquel elles se rattachent, les éléments d'une nature qui leur est propre et qui ne permet pas de les confondre avec les actes de libéralité pure (1). »

Il est très louable en vérité de s'apitoyer sur le sort des enfants nés ou à naître de ce mariage, sur le sort des époux qui ont pu croire qu'ils étaient riches. — Mais ce n'est considérer que l'un des côtés de la question. — Et les créanciers, faut-il les oublier? Eux aussi ont des enfants, au sort desquels ils ont à songer; eux-mêmes n'ont-ils pas dû compter sur ce qui leur appartient ?

« Il est sans doute fâcheux, dit la Cour de Grenoble (2), de priver un mari et la jeune famille issue de cette union, d'un avantage qui a pu être la cause déterminante du mariage ; mais ce ne peut être une raison suffisante pour appauvrir à leur profit des créanciers légitimes ; dès qu'il y a libéralité, les parties intéressées sont averties qu'elle est soumise à des éventualités telles que... la réduction à la quotité disponible, et même l'annulation pour fraude, s'il est reconnu plus tard que le donateur était insolvable et le savait. »

Et dans ce cas, de quel côté y a-t-il faute ? — Pas de la part du créancier à coup sûr; il ne pouvait prévoir la fraude de son débiteur. — Mais bien plutôt de la part des enfants qui reçoivent de leur père une dot, sans songer aux éventualités qui peuvent l'atteindre. A eux de se renseigner sur

(1) Rennes, 11 décembre 1860 (D., p. 62, 1, 298).
(2) Grenoble, 3 fév. 1842 (D., A. faillite, n° 277 2°).

la situation et la bonne foi du constituant. — On oublie que l'action Paulienne a été créée en faveur des créanciers, pour les protéger ⌈contre la fraude de leur débiteur et de leur débiteur seul. Si on exige davantage, pour qu'ils puissent invoquer utilement cette action, cette faveur apparente n'est qu'un piège ; car enfin pour le débiteur ou ceux qu'il gratifie, ce ne sera plus qu'une question d'habileté. Il suffira au père de dissimuler sa situation à sa fille, ou de s'entendre en famille pour se ménager un système de bonne foi. — Un banquier, près de tomber en faillite, pourra doter richement son fils ou sa fille. L'argent des créanciers aura fourni cette dot, qui permettra aux enfants de ce failli de vivre fastueusement, tandis que les enfants du créancier fraudé seront dans la misère. Mais qu'importe, il fallait favoriser les mariages, même aux dépens de l'honnêteté publique et de la bourse d'autrui !

Et l'intérêt social qu'invoquait si brillamment M. l'avocat général Delangle devant la Cour de Cassation en 1847 !

38. — *Entre le constituant et le conjoint du constitué.* — En droit romain, la situation du mari était toute particulière, il stipulait à l'acte de constitution de dot par le père à sa fille. Il était censé acheter la dot dont il était fait une estimation.

En droit français, le mari n'est plus partie à

l'acte, il ne fait qu'y assister. Entre lui et le père constituant, il n'y a aucun lien de droit. Et celui-ci, dès qu'il a versé la dot entre les mains de son gendre, n'a plus aucun droit sur elle. Si le mari la dissipe, ou du moins l'administre mal, le beau-père ne pourra que se repentir sans pouvoir agir; il est désarmé. — Entre ces deux personnes, le constituant et l'époux du constitué, il ne se passe donc aucun contrat, que l'on puisse qualifier d'onéreux. En vertu des art. 1440 et 1547, le mari agira en garantie contre son beau-père, mais ce ne sera que comme mandataire de sa femme et comme administrateur légal des biens de celle-ci (1).

39. — *Entre la femme et le mari.* — La constitution de dot faite à la femme est-elle un acte onéreux à l'égard du mari?

Question sur laquelle l'accord s'est presque fait entre la doctrine et la jurisprudence (2), qui décident l'affirmative.

Nous avons vu, par les citations que nous avons faites au n° 33, que c'était le système du droit

(1) M. Zeys, conseiller à la cour d'Alger (*Revue du notariat,* n° 5695).

(1) Furgole, *Test.,* ch. ix, sect. 1, n° 20. — Merlin, *Dot,* § 15, n° 4. — Rolland de Villargues, *Répert. du notariat,* n° 21. — De Fréminville, *Minorité,* II, 642 *bis.* — Duranton, X, 575. — Troplong, *Contr. de mariage,* I, 131. — Larombière, art. 1167, n° 34. — Demolombe, XXV, 211. — Aubry et Rau, IV, p. 138, note 25. — Cass., 25 fév. 1845, 6 juin 1849, 18 novembre 1861 (D., p. 62, 1, 297). — En sens contraire : Krug-Basse, *Revue critique,* XIV, p. 257. — Capmas, n° 49. — Riom, 18 janvier 1845. — Rennes, 10 juillet 1843. — Montpellier, 6 août 1842.

romain et de notre ancienne jurisprudence. Nous pouvons ajouter l'opinion de Domat :

« Encore que la dot puisse être constituée frauduleusement de la part de ceux qui dotent la fille, le mari, qui reçoit la dot à titre onéreux et qui sans cette dot ne serait pas engagé dans le mariage, ne doit pas la perdre. Mais si le mari avait participé à la fraude, il pourrait être tenu de ce qui serait de son fait, selon les circonstances (1). »

En effet, le mari reçoit de la femme sa dot pour supporter les charges du mariage et partant à titre onéreux. Il faudra donc, ajoute-t-on, que l'on prouve contre le mari la complicité dans la fraude du constituant.

Avec M. Laurent (2), nous pensons que la question est mal posée.

Qu'arrive-t-il lorsque l'action est dirigée contre une donation ? Les créanciers poursuivent la révocation contre le donateur et le donataire. — Mais ici le mari n'est pas donataire, car les biens qu'il a reçus, il ne les tient pas du donateur, mais bien de sa femme qui, elle, est la donataire. Les droits qu'il possède sur ces biens seront différents suivant le régime sous lequel il sera marié.

Sous le régime de communauté, la femme apporte sa fortune mobilière et l'usufruit de ses immeubles. Si elle est dotée de valeurs mobilières,

(1) Domat, *loc. cit.*, n° 11.
(2) Laurent, n° 455.

cette dot fait partie de la communauté et le mari la possède comme étant le chef de cette communauté.

— Si elle est dotée en immeubles, l'usufruit seul tombe en communauté.

Sous le régime exclusif de communauté, la femme reste propriétaire de sa dot, le mari n'en a que l'usufruit.

Sous le régime de séparation, le mari n'a aucun droit sur les biens dotaux.

De même sous le régime dotal, pour les biens paraphernaux. Pour les biens dotaux, la femme en conserve la propriété et le mari en a seulement la jouissance.

« En résumé, la femme, sous les divers régimes, cède à son mari les biens dotaux, soit en usufruit, soit en toute propriété. Cette cession est un titre onéreux. Pour la communauté, cela est certain ; la loi la considère comme une convention onéreuse, alors même que l'adoption de ce régime procurerait un avantage au mari (art. 1496 et 1527). Par la même raison, les autres régimes sont des actes onéreux (1).

Quelles en seront les conséquences au point de vue dé l'action révocatoire ?

Quand la femme s'est elle-même constituée ses propres biens en dot, le mari est passible de l'action, s'il a participé à la fraude. Dans ce cas, en effet, il est cessionnaire direct des biens de la

(1) Laurent. *loc. cit.*, n° 455.

femme, pour ainsi dire tiers acquéreur, et nous avons vu que les tiers acquéreurs sont soumis à l'action lorsqu'ils sont complices de la fraude.

Mais lorsque la dot a été constituée à la femme, c'est elle qui est donataire. Après avoir acquis les biens à titre de donation, elle les cède à titre onéreux àson mari, et dans l'opinion de ceux qui prétendent que l'action Paulienne se donne contre les sousacquéreurs, les résultats seront les mêmes que dans le cas précédent : le mari, étant considéré comme un tiers acheteur du premier acquéreur, l'action révocatoire ne sera donnée contre lui que s'il est complice de la fraude. — De là cette conséquence que, s'il est de bonne foi, la donation pourra être révoquée contre la femme et maintenue à l'égard du mari, qui en conservera, tant que durera le mariage, soit la propriété, soit la jouissance.

Mais dans l'opinion que nous partageons et que nous développerons plus loin (n° 78), l'action ne pouvant être donnée contre les sous-acquéreurs, il importe peu que le mari soit de bonne ou de mauvaise foi ; la révocation l'atteindra toujours, parce qu'il ne pourra jamais avoir plus de droits que la femme elle-même n'en avait, en vertu du principe général : *nemo plus juris in alium transferre potest quam ipse habet.* — Avec la donation, les droits concédés par la femme tomberont, et le mari perdra soit la propriété, soit la jouissance des biens constitués en dot.

Mais nous n'en admettons pas moins que la dot entre les deux époux est bien un acte onéreux, car le mari ne reçoit les biens dotaux qu'en vertu des conventions matrimoniales, ce qui est un titre onéreux, car nous supposons que le mari n'a pas été compris, comme donataire, par le constituant, dans la constitution de dot.

40. — Une donation peut être faite avec charges; sera-t-elle alors un acte à titre onéreux ?

Cette donation participe de la nature des contrats onéreux, mais le caractère gratuit prédomine. Nous la considérerons comme ayant un caractère mixte. Les charges imposées seront évaluées, et si elles atteignent la valeur des objets donnés, cet acte sera en réalité un acte à un titre onéreux qui n'aura que le nom et la forme d'une donation. Ordinairement elles n'atteindront pas cette valeur, alors c'est dans la mesure de la différence qu'elles présenteront, qu'il y aura à considérer la donation comme renfermant un acte à titre gratuit. Et l'action révocatoire ne sera donnée contre le donataire de bonne foi que jusqu'à concurrence de ce qu'il aura ainsi reçu à titre lucratif.

41. — En matière de cautionnement, l'engagement de la personne qui s'oblige envisagé à l'égard de la personne pour laquelle elle s'oblige est incontestablement une libéralité. Mais il en est autre-

ment vis-à-vis du créancier, et les créanciers de la caution qui voudront attaquer le cautionnement comme fait en fraude de leurs droits, devront établir la complicité du créancier qui l'a obtenu (1).

(1) Cass., 13 mars 1854 (Dev., 1855, 1, 751). — Pothier, *oblig.*, n° 365.

CHAPITRE III

QUELS ACTES PEUVENT DONNER LIEU A L'ACTION RÉVOCATOIRE

42. — L'art. 1167 dit que les créanciers pourront attaquer « *les actes faits par leur débiteur en fraude de leurs droits.* »

Le principe est donc que *tous* les actes qui émanent du débiteur et quisont fr auduleux, pourront être poursuivis par les créanciers.

Dans l'ancien droit, Domat s'exprimait ainsi :

« Tout ce que font les débiteurs pour frustrer leurs créanciers, par des aliénations et autres dispositions quelles qu'elles soient, est révoqué selon que les circonstances et règles..... peuvent y donner lieu.

« Toutes les manières dont les débiteurs diminuent frauduleusement le fonds de leurs biens et tout ce qui sera fait à leur préjudice par de telles voies, sera révoqué ; ainsi...., généralement tous les contrats et autres actes et dispositions faits en fraude des créanciers seront annulés (1). »

(1) Domat, *loc. cit.*, n⁰ˢ 1 et 7.

Ainsi l'action atteindra toutes conventions par lesquelles le débiteur aura contracté des obligations, consenti des aliénations ou des droits réels, ou des libérations. Elle s'appliquera même aux jugements.

43. — Il est incontestable que les créanciers peuvent attaquer les jugements, rendus en fraude de leurs droits. Mais ils devront le faire par la tierce-opposition. L'art. 474 règle cette voie de recours :

« Une partie peut former tierce-opposition à un jugement qui préjudicie à ses droits, et lors duquel, ni elle ni ceux qu'elle représente n'ont été appelés. »

Les créanciers ne sont point représentés par le débiteur qui se laisse condamner en fraude de leurs droits. S'ils agissaient en vertu de l'art. 1166, ils auraient bien été représentés par lui, parce qu'ils agiraient alors en son nom et n'auraient que les mêmes droits ; mais en vertu de l'art. 1167, ils agissent en leur nom personnel; ils n'ont point été parties au jugement ; ils sont des tiers, et si ce jugement leur cause un préjudice, ils ont le droit de recourir à l'art. 474.

L'application en a été faite par la Cour de Rennes (1), dans un cas où le tiers contractant et le débiteur avaient dissimulé aux juges la cause illicite de la créance :

« Considérant que Demangeat invoque inutile-

(1) Rennes, 9 avril 1851 (D., p. 53, 2, 208).

ment le jugement du 12 août 1848, qui a condamné Urbain Chauveau à lui payer la créance qui fait l'objet de sa réclamation ; que ce jugement frappé de tierce opposition par les frères Hignard, ne peut leur être opposé et produire aucun effet contre eux, alors qu'il est justifié que lors de son obtention, la cause illicite de cette créance était parfaitement connue de Demangeat et de Chauveau et a été dissimulée aux juges de commerce qui ont rendu la sentence. »

Ce point d'ailleurs n'offre aucune difficulté (1).

44. — Le Code lui-même a présenté quelques exemples d'actes pouvant être atteints par l'action révocatoire.

L'art. 622 permet aux créanciers de l'usufruitier de faire annuler la renonciation qu'il aurait faite à leur préjudice. Cette disposition a été édictée en faveur des créanciers chirographaires qui ont le droit de ne pas être privés de leur gage ; les créanciers hypothécaires ne peuvent être atteints par cette renonciation : leur gage est l'hypothèque que la renonciation n'a pu faire disparaître.

Lorsque la renonciation aura eu lieu à titre onéreux, les créanciers ne pourront l'attaquer utile-

(1) Aix, 4 juillet 1810. — Nîmes, 14 avril 1812. — Toulouse, 21 avril 1819, 17 août 1819. — Riom, 3 août 1826. — Agen. 1er mai 1830.— Paris, 2 fév. 1832 (D., A. tierce-opposition, no 187), — Cass., 8 fév. 1837, 21 mars 1843.

ment qu'en prouvant qu'il y a eu fraude entre le nu propriétaire et l'usufruitier.

Si cette renonciation a été faite à titre gratuit, les créanciers ne seront plus tenus de prouver la fraude contre le nu propriétaire, qui sera alors un tiers ayant traité à titre gratuit avec le débiteur. Et nous suivrons les distinctions que nous avons développées plus haut.

45. — Comme l'art. 622, l'art. 788 est une aplication de l'art. 1167. Il prévoit le cas où un débiteur insolvable renonce à une succession avantageuse qui lui échoit.

Dans ce cas, deux situations différentes se présentent :

1° — La succession n'a encore été acceptée par aucun autre héritier. L'héritier renonçant a le droit de revenir sur sa première détermination et de reprendre la sucession si la faculté d'accepter n'a pas été éteinte par la prescription : dans ce cas, les créanciers, en vertu de l'art. 1166, pourront exercer ce droit du chef de leur débiteur.

2° — Si la succession a été acceptée par d'autres, l'héritier ne pourra revenir sur sa renonciation ; elle est définitive à son égard. Mais, comme cette renonciation est frauduleuse et porte un préjudice à ses créanciers, ceux-ci, s'appuyant sur l'art. 788, peuvent se faire autoriser en justice à accepter la succession du chef de leur débiteur et en son lieu et place.

La renonciation ne sera annulée que jusqu'à concurrence de ce qui est dû aux créanciers. L'excédent restera à ceux qui ont profité de la renonciation ; il ne pourra jamais appartenir au débiteur lui-même, puisque tout héritier qui renonce est censé n'avoir jamais été héritier (art. 785).

46. — Mais ces héritiers acceptants, qui auront été ainsi privés de la part due aux créanciers, auront-ils un recours, pour se faire payer cette part, contre le débiteur dont les dettes ont été payées, la renonciation, nulle à l'égard des créanciers seulement, étant restée valable quant à eux?

Ce recours semblerait équitable, puisque le débiteur profite indirectement de l'annulation de la renonciation, car qui paie ses dettes s'enrichit. Et ces dettes ont été payées avec des biens appartenants aux héritiers acceptants.

Cependant la loi n'accorde aucun recours (1). Si les créanciers de l'héritier renonçant sont désintéressés sur les biens de la succession, c'est en vertu de la fiction par laquelle les biens sont censés rentrer dans le patrimoine du renonçant. Ils sont donc désintéressés avec les biens de celui-ci et non avec ceux des autres héritiers. — Et d'ailleurs les héritiers acceptants peuvent-ils vraiment se plaindre?

---

(1) Proudhon, n° 2410. — Demante, III, n° 100 *bis*. — Marcadé, art. 788, n° 11. — Demolombe, XV, n° 89. — Laurent, IX, n° 479. — En sens contraire : Toullier, IV, 349, à la note. — Duranton, VI, 520 *bis*. — Aubry et Rau, VI, p. 418, note 44.

Ou ils sont de mauvaise foi et se sont concertés avec le renonçant pour frauder les créanciers de ce dernier, — alors ils n'ont rien à réclamer.

Ou ils sont de bonne foi, — alors ils peuvent être considérés comme des donataires qui reçoivent un patrimoine inattendu.

47. — En généralisant le principe que nous venons de soutenir, avec la majorité des auteurs, nous décidons qu'il est applicable à tous les cas de l'action Paulienne : le tiers défendeur et dépouillé ne pourra exercer de recours en garantie contre le débiteur.

48. — Que devons-nous décider dans le cas où le débiteur, appelé à recueillir un legs, y renonce en fraude de ses créanciers ?

L'art. 1167 donne le droit de révocation contre tout acte fait en fraude ; pourquoi alors l'action ne pourrait-elle pas être exercée contre une renonciation frauduleuse à un legs, comme elle peut l'être contre une renonciation à une succession ? — Il y a mêmes raisons de décider.

Mais on dit qu'après l'annulation, les créanciers exercent alors les droits de leur débiteur et que celui-ci pourrait avoir des motifs de délicatesse et de conscience pour renoncer ; et l'on cite l'exemple du baron Séguier, Premier Président de la Cour de Paris, qui refusa, par motifs de haute moralité, le legs que lui avait fait, en mourant, un banquier, le sieur Michel, dont le nom avait été impliqué dans de nombreux procès.

Pour nous cette objection est sans valeur; puisque l'art. 788 est une application de l'art. 1167, les créanciers devront prouver que le légataire renonçant a eu l'intention de les frauder. Une renonciation, par motifs de moralité, sera parfaitement valable, la renonciation frauduleuse seule sera annulée (1).

49. — Les créanciers d'un successible pourront-ils faire annuler l'acceptation d'une succession insolvable qu'il aurait faite en fraude de leurs droits?

Nulle part, dans le Code, il n'est question de cette hypothèse. Il n'en faut pourtant pas conclure qu'elle ne tombe pas sous le coup de l'action révocatoire et que les créanciers personnels de l'acceptant auront à subir le concours des créanciers héréditaires.

Le code ne s'est expliqué positivement que sur la renonciation, parce qu'il s'agissait d'émettre une règle contraire aux principes du droit romain, consacrée par la loi 6, qui regardait cette renonciation comme une simple omission d'acquérir. L'acceptation frauduleuse, tombant sous la règle générale de l'art. 1167, le législateur n'avait pas besoin d'en faire une application particulière.

____

(1) Troplong, nᵒˢ 1885 et 2139. — En sens contraire : Dalloz, *Dispositions entre vifs et testamentaires*, nᵒ 3565.

Cette opinion ne peut-être en contradiction avec l'art. 881 qui déclare que :

« Les créanciers ne sont point admis à demander la séparation des patrimoines contre les créanciers de la succession. »

L'art. 881 n'exclut pas l'application de l'art. 1167 : autre chose est le droit général de demander, dans tous les cas, la séparation des patrimoines, autre chose le droit tout spécial de demander, pour cause de fraude, la révocation d'une acceptation de succession.

Ces deux articles supposent deux cas différents :

L'art. 881 s'applique au cas d'obligations contractées sans fraude ; les créanciers de l'héritier subiront la peine de leur imprudence d'avoir suivi la foi de leur débiteur.

Si au contraire ces obligations ont été consenties frauduleusement, les créanciers ne peuvent être privés de leur gage, par un dol. Aucune imprudence ne peut leur être reprochée et l'art. 1167 est applicable.

50. — L'art. 1053 prévoit le cas de l'abandon anticipé de la jouissance des biens soumis à la substitution, fait au profit des appelés par le grevé, en fraude des droits de ses créanciers.

Le grevé, par cet abandon, se prive pendant sa vie, de revenus qui faisaient partie de son patrimoine et même de la chance de conserver les biens en toute propriété, en cas de décès des appelés.

Les créanciers auront le droit d'agir par l'action révocatoire.

51. — L'art. 1464 s'occupe du cas de renonciation de la femme à la communauté de biens existant entre elle et son mari. Il suppose que la femme renonce à cette communauté dans le but de ne point payer ses créanciers et d'enrichir les héritiers de son mari, c'est-à-dire, en général, ses enfants.

Comme dans l'art. 788 , les créanciers pourront attaquer cette renonciation et accepter la communauté jusqu'à concurrence de ce qui leur est dû. Pour le surplus la renonciation sera maintenue.

52. — Mais, à l'inverse, les créanciers pourront-ils attaquer l'acceptation frauduleuse de la femme à une communauté insolvable ?

Sur ce cas, comme sur celui d'acceptation d'une succession (nᵒ 49), le code est muet; notre réponse sera la même; l'art. 1167 est applicable.

Quoique la femme acceptante ne soit tenue que jusqu'à concurrence de son émolument (art. 1483), souvent les créanciers auront un grand intérêt à pouvoir agir, car il arrive qu'on insère dans les contrats de mariage la clause, qu'en cas de renonciation, la femme reprendra son apport franc et quitte (art. 1514). Et par l'acceptation frauduleuse les créanciers perdraient ce gage, cet apport.

De plus, si la femme acceptante n'est tenue des

dettes de la communauté que jusqu'à concurrence de son émolument, ce n'est que dans le cas où elle a fait faire inventaire des biens de cette communauté. Autrement, elle aura à supporter la moitié du passif; et son patrimoine, gage de ses créanciers, sera diminué d'autant; ce qui démontre le double intérêt que peuvent avoir les créanciers à avoir recours à l'action révocatoire.

Cette question n'est guère qu'une question de théorie, qui se présente rarement dans la pratique. Elle est cependant controversée et nous avons embrassé le système de Pothier, également suivi par la jurisprudence (1).

En 1869, pour la première fois, la Cour de Cassation a été appelée à se prononcer sur ce droit des créanciers : faire annuler l'acceptation ; renoncer à la communauté au lieu et place de la femme :

« Attendu que la disposition de l'art. 1167 est générale et qu'elle autorise les créanciers à attaquer tous les actes faits par leurs débiteurs en fraude de leurs droits ; que si, dans l'art. 1464, comme dans l'art. 788 Code civil, le législateur a voulu surtout faire prévaloir le principe du droit français différent en ce point du droit romain, que les créanciers peuvent attaquer les actes par lesquels leur débiteur néglige d'augmenter son patrimoine, il faut en conclure *a fortiori* qu'ils peuvent attaquer les actes ayant pour effet de diminuer ce patrimoine

(2) Cass., 26 avril 1869 (D. p. 69, 1, 241).

qui est leur gage et notamment faire révoquer l'acceptation de la communauté... que l'option entre l'acceptation et la répudiation de la communauté, accordée à la femme pour garantir ses intérêts contre les suites de l'administration du mari, forme dans le patrimoine de la femme un droit pécuniaire soumis, comme ses autres biens, à l'action de ses créanciers;

« Qu'on ne peut opposer comme un obstacle légal à la renonciation... la préexistence de l'acceptation de la veuve Comte, puisque cette acceptation constituait une fraude faite aux droits (de son créancier), qui en poursuivait l'annulation par l'action révocatoire et que cette annulation a été prononcée par la justice, qui a statué en même temps sur la nullité de l'acceptation de la veuve Comte et sur la validité de la renonciation qui y était substituée. »

Et même le créancier, pour renoncer, au lieu et place de la femme, n'a pas besoin d'obtenir l'autorisation de justice, qui n'est exigée que par l'art 788 pour la renonciation à une succession (1).

53. — Enfin l'art. 2225 suppose le cas où une personne pouvant invoquer une prescription acquisitive ou libératoire, y renonce. Les créanciers pourront opposer cette prescription malgré la renonciation de leur débiteur, s'ils prouvent qu'elle a été faite en fraude de leurs droits.

(1) Cass., 23 janvier 1849 (D., p. 49, 1, 42). — 2 juillet 1851 (D., p. 52, 1, 20). — Angers, 25 août 1852 (D., p. 53, 2, 69).— Bourges, 21 mai 1859 (D., p. 61, 5, 327).

« Les créanciers ou toute autre personne ayant intérêt à ce que la prescription soit acquise, peuvent l'opposer encore que le débiteur ou le propriétaire y renonce (art. 2225). »

Cette disposition a donné lieu à de grandes controverses.

Nous avons déjà indiqué (n° 23), que nous pensions que l'art. 2225 est une application de l'art. 1167. — Les créanciers pourront invoquer la prescription à laquelle leur débiteur a renoncé en prouvant le préjudice et la fraude.

Le but des rédacteurs du Code a été de résoudre la question de savoir si le droit d'invoquer la prescription était un droit exclusivement attaché à la personne, droit que les créanciers ne peuvent exercer au nom de leur débiteur en vertu de l'art. 1166, si la renonciation n'a pas eu lieu ; et en leur nom personnel, en vertu de l'art. 1167, si cette renonciation est un fait accompli.

Dans l'exposé des motifs, Bigot-Préameneu disait :

« Ce serait une erreur de croire que la prescription n'a d'effet qu'autant qu'elle est opposée par celui qui a prescrit et que c'est au profit de ce dernier une faculté personnelle. La prescription établit ou la libération, ou la propriété ; or les créanciers peuvent, ainsi qu'on la déclaré au titre des obligations, exercer les droits et actions de leurs débiteurs, à l'exception de ceux qui sont exclusivement attachés à la personne ; la conséquence est que les créanciers ou toute autre personne ayant intérêt à ce que la prescription soit acquise, peuvent l'opposer, quoique le débiteur ou le propriétaire y renonce (1). »

La prescription produit son effet sans qu'elle soit opposée par le débiteur ou le propriétaire ; donc la libération ou la propriété sont acquises de plein droit, dès que les conditions exigées par la loi ont été remplies ; et à ce moment la chose prescrite est devenue le gage des créanciers. Si le propriétaire vient à y renoncer, il fait abandon d'un droit acquis, il diminue son patrimoine.

Mais ce peut être par un sentiment de délicatesse, de conscience qu'il renonce à cette prescription, et alors ce n'est pas par fraude. — Son motif peut être parfaitement louable, nous le reconnaissons ; il est très bien de renoncer à un droit qui vous appartient, pourvu toutefois que ce ne soit pas au préjudice de ses créanciers, auxquels on ne peut soustraire leur gage ; et comme nous supposons le renonçant insolvable, ce ne serait pas lui qui ferait un sacrifice, mais il y condamnerait ses créanciers. Nous savons que la fraude sera suffisamment prouvée contre le débiteur renonçant par la connaissance qu'il avait de son insolvabilité. — S'il était de bonne foi, c'est-à-dire s'il avait négligé ce moyen parce qu'il l'ignorait, il serait à l'abri de l'action.

(1) *Motifs et discours* revus par Poncelet, t. I, p. 780.

Nous exigeons, pour donner l'action, que la fraude soit prouvée, parce que nous pensons que l'art. 2225 n'est pas une exception au système que nous avons démontré être celui du Code ; rien ne dénote cette exception, car si l'article 2225 est muet sur la fraude, il l'est également sur le préjudice, qui est exigé pourtant par tous ceux qui combattent le système que nous avons adopté (1).

Quant au caractère de l'acte, de cette renonciation à la prescription, nous pensons que c'est un acte gratuit, suivant la doctrine de Pothier:

« Cette reconnaissance, qui se fait après le temps de la prescription accomplie, à l'effet de la couvrir, renferme une aliénation gratuite de droit de fin de non recevoir qui est acquis au débiteur par l'accomplissement du temps de la prescription (2). »

Les créanciers n'auront donc point la fraude à prouver contre le tiers, au profit duquel la renonciation aura été faite.

54. — Quand le débiteur a fait un payement ou donné des sûretés à l'un de ses créanciers de préférence aux autres, dans ce cas l'action de l'art. 1167 s'applique-t-elle ?

Si le débiteur était commerçant, il n'y aurait pas

---

(1) Duranton, XXI, n° 150. — Troplong, *Prescription*, art. 2225, n° 101. — Guillouard, p. 253. — Laurent, XXXII, n° 209. —
— Cass., 21 décembre 1859 (D., p. 61, 1, 265). — En sens contraire : Demolombe, XXV, n° 223. — Rataud, *Revue pratique*, 1856, p. 481. — Cass., 21 mars 1843. — Bordeaux, 13 décembre 1848. — Orléans, 27 fév. 1855.

(2) Pothier, *Oblig.*, n° 699.

de doute, la loi commerciale annule les actes que le failli fait au préjudice de ses créanciers. Mais cette loi n'est pas applicable aux débiteurs non commerçants, pas même à ceux qui sont en déconfiture.

Le débiteur, quoique insolvable, conservant l'administration de ses biens, peut payer l'un de ses créanciers ou lui donner des garanties, de préférence aux autres créanciers. C'est pourtant au préjudice de ces derniers ? — Peut-être ; mais nous savons que le préjudice n'est point une condition suffisante pour obtenir l'action Paulienne : il faut encore une fraude. — Le créancier qui reçoit ce qui lui est dû, ne commet aucune fraude ; pas même celui qui ayant des doutes sur la solvabilité de son débiteur, ou connaissant son insolvabilité, exige de lui une sûreté spéciale. Il a été plus diligent, a mieux veillé à ses interêts, tant mieux pour lui ; il n'a fait que son devoir.

Ce point ne fait aucun doute en jurisprudence (1).

Mais il ne faudrait pas que la diligence devînt fraude.— Ainsi un père constitue une dot à sa fille et à son fils, chacune de 20,000 fr. ; — ensuite ses créanciers exercent contre lui des poursuites. Pendant une remise de l'instance pendante entre lui et ces derniers, le père fournit hypothèque à ses enfants pour sûreté de leur dot. — Les créanciers demandèrent l'annulation de cette constitution

____

(1) Caen, 24 juillet 1857 (D., p. 58, 2, 12).— Cass., 3 mars 1869 (D., p. 69, 1,200).

d'hypothèques comme faite en fraude de leur droits. La Cour de Lyon déclara que de tous les faits résultait une fraude évidente de la part du père et de celle de ses enfants, qui ne pouvaient ignorer la situation de leur père ; et la Cour de Cassation rejeta le pouvoir formé contre cet arrêt (1).

55. — Les mêmes principes s'appliquent identiquement aux nouvelles dettes que contracte le débiteur.

56. — La femme, commune en biens, peut-elle, après la dissolution de la communauté, demander la révocation des aliénations consenties par son mari en fraude de ses droits ?

L'art. 1421 donne au mari les pouvoirs les plus étendus sur la communauté. Il en est le seul administrateur ; il peut vendre, hypothéquer sans le concours de la femme. — Il ne s'ensuit cependant pas qu'il puisse agir en fraude des droits de sa femme ; la fraude fait toujours exception au droit commun.

On objecterait en vain l'art. 271, d'après lequel les actes faits par le mari en fraude des droits de la femme doivent être déclarés nuls, s'ils ont été consentis *postérieurement à la date de l'ordonnance prescrite par l'art.* 238, pour soutenir que les actes

______

(1) Lyon, 23 août 1845, confirmé par arrêt de rejet du 12 fév. 1849 (D. p. 49, 1, 127). Pour nous, il eût suffi que l'arrêt, de Lyon eût dit que la fraude du père était établie; celle des enfants était inutile, puisque, dans ce cas, la constitution de l'hypothèque était un acte à titre gratuit.

frauduleux *antérieurs* à cette ordonnance ne peuvent être annulés. Cet art. 271, en effet, n'a en vue que les actes par lesquels le mari peut, sous l'impression de l'irritation provoquée par la demande en séparation de corps de la femme, chercher à dépouiller celle-ci des avantages que lui assure la communauté, et il ne fait point obstacle à l'application de la disposition générale de l'art. 1167.

La Cour de Colmar a décidé en ce sens (1) dans un arrêt fortement motivé :

« Considérant que si le législateur accorde au mari, comme chef de la communauté, un droit à peu près absolu sur les biens qui la composent, s'il peut les administrer comme il lui plaît, les hypothéquer, les aliéner, les vendre sans le concours de sa femme, ce droit, si absolu, si étendu qu'il soit, a pourtant pour limite la fraude, la fraude faisant exception à tous les principes, et la loi, si elle admet que la femme puisse souffrir de la légèreté ou de l'incapacité du mari, ne pouvant pas admettre au moins que cette femme devienne victime d'actes qui auraient été machinés en haine de ses droits et de ses intérêts de la part de celui-là même qui avait mission de la protéger et de la défendre ; — Que l'on objecte à ce principe général les dispositions de l'art. 271, d'après lequel les actes faits par le mari en fraude des droits de la femme doivent être déclarés nuls, s'ils ont été consentis postérieurement à

____

(1) Colmar, 25 février 1857 (D. p. 57, 2, 88).

la date de l'ordonnance prescrite par l'art. 238 ;
d'où on veut tirer cette conséquence que tous les
actes, même frauduleux, qui seraient antérieurs à
cette ordonnance ne pourraient plus être annulés ;
— Que ce raisonnement *a contrario* amène, dans
cette circonstance comme dans tant d'autres, un
résultat tout à fait inadmissible ; qu'en effet, si ce
raisonnement était exact, il faudrait nécessairement
se soumettre à cette conséquence qu'un mari pourrait faire à l'égard des droits de sa femme les actes
de fraude les plus coupables, que des tiers pourraient s'y associer de la manière la plus éhontée,
et que, quand la femme, redevenue libre par la dissolution de la communauté, viendrait démontrer à
la justice, de la façon la plus claire et la plus palpable,
le concert frauduleux dont elle serait victime, les
magistrats ne pourraient que gémir sur cette fraude
et seraient désarmés pour la proclamer et la punir,
par ce seul fait que les coupables auraient eu assez
de prestesse pour parachever leur œuvre avant que
le Président eût rendu son ordonnance de compa-
rution ; — Qu'un pareil résultat serait trop contraire à la justice et à la morale pour qu'il soit
possible d'admettre une semblable interprétation de
l'art. 271 ; — Que cet article, spécial à la matière
du divorce, et étendu par suite à la séparation de
corps, n'a prévu qu'un cas de fraude, celui qui doit
en pareille occurrence se présenter le plus souvent,
le cas où le mari, irrité, exaspéré par l'action que
sa femme dirige contre lui, se livre, sous l'impres-

sion de ces mauvais sentiments, à la pensée de dépouiller celle-ci..... »

57. — « Les baux qui n'auront pas acquis date
certaine avant le commandement (préalable à la
saisie-immobilière) pourront être annulés, si les
créanciers ou l'adjudicataire le demandent (art.
684, C. de proc. civ.). »

Cet article apporte-t-il une modification à l'article 1167 ? Le créancier et l'adjudicataire devront-
ils prouver le *préjudice* et la *fraude,* ou la preuve
du *préjudice* suffira-t-elle ?

Un arrêt de Bordeaux, du 18 novembre 1848,
décide que la nullité du bail ne peut être prononcée
qu'autant que le bail est le résultat d'un concert
frauduleux entre le preneur et le bailleur :

« Attendu que des dispositions de l'art. 684, il
résulte que le bail n'est pas nul de plein droit,
puisque les tribunaux peuvent le maintenir ou l'annuler selon les circonstances (1). »

Pour nous, nous déciderons que la nullité du
bail peut être prononcée sur la demande des créanciers ou de l'adjudicaire, s'il leur préjudicie, encore
bien qu'il ne soit pas entaché de fraude.

Il est bien vrai que le bail n'est pas nul de plein
droit, puisque, pour le faire annuler, les créanciers
devront prouver le préjudice, mais dès que cette
preuve aura été fournie, le tribunaux devront prononcer la nullité. L'art. 684 se sert du mot *pour-*

(1) Bordeaux, 18 novembre 1848 (D., p. 49, 2, 133).

ront parce que tous les baux n'ayant pas date certaine, *ne devront pas* être annulés, il n'y aura que ceux qui seront préjudiciables.

Quand le bail a date certaine, il est présumé sincère et les créanciers doivent, suivant le droit commun, prouver et le préjudice et la fraude. — Au contraire, le bail, qui n'a point reçu date certaine, est présumé avoir été antidaté ; il est réputé frauduleux.

C'est le système généralement suivi par la jurisprudence (1).

58. — Il existe cependant des actes faits en fraude, auxquels l'action de l'art. 1167 n'est pas opposable.

L'action n'est pas admise contre les actes par lesquels le débiteur a disposé de droits qui sont exclusivement attachés à sa personne. — En effet, les créanciers ne peuvent faire annuler que les actes qu'ils peuvent exercer eux-mêmes, car ce sont les seuls qui soient compris dans le gage que la loi leur accorde sur les biens de leur débiteur. S'ils ne peuvent les exercer, ces actes ne sauraient donc leur causer de préjudice et le débiteur pourra céder impunément ces droits ou y renoncer.

Quels sont ces droits exclusivement attachés à

______

(1) Nîmes, 4 mars 1850 (D., p. 52, 2, 249). — Paris, 19 août 1852 (D., p. 53, 2, 221).—Cassation, 8 mai 1872 (D., p. 72, 1, 373). — Duvergier, *Collection des Lois*, tit. XLI, p. 236. — Demolombe, XXV, 226 *bis*.

la personne ? Il est difficile d'établir une règle certaine.

Pour certains droits, la réponse est possible ;
par exemple, ceux qui représentent pour le débiteur un intérêt pécuniaire ; sans aucun doute ils sont
abandonnés aux créanciers. Un débiteur vend ses
biens, le prix en est encore dû ; les créanciers
pourront critiquer la disposition frauduleuse qui a
été faite de l'action en payement.

D'autres droits ne font point partie du patrimoine
du débiteur, parce qu'ils ne présentent point un intérêt pécuniaire. Ainsi, les droits de nationalité, de
famille ; pour ceux-là, pas de doute encore, ils sont
compris dans l'exception, ils sont exclusivement
attachés à la personne.

59. — Mais quid de ceux dans lesquels on rencontre et un intérêt moral et un intérêt pécuniaire,
sans qu'on puisse décider lequel de ces deux caractères l'emporte sur l'autre ?

Ainsi, une donation entre vifs peut être révoquée
pour cause d'ingratitude. Quel est le caractère du droit
du donateur? Il y a ici intérêt pécuniaire, puisque, si
la donation est révoquée, une valeur rentrera dans
le patrimoine et augmentera le gage des créanciers.
— D'un autre côté, ce droit n'est que la pénalité d'une
injure personnelle au donateur et présente ainsi un
intérêt *moral* qui doit l'emporter sur l'intérêt pécuniaire ; car à cette pénalité est attachée la possibilité du pardon par l'inaction du donateur (art. 957).

C'est donc bien là l'un des droits attachés exclusivement à la personne du débiteur.

60. — De même le droit de révocation de la donation faite par un époux à son conjoint pendant le mariage : d'un côté, intérêt pécuniaire des créanciers du donateur à cette révocation, qui remettra dans leur gage des valeurs qui en étaient sorties ; — D'un autre côté, droit personnel du donateur d'apprécier si son conjoint s'est rendu indigne du bienfait qu'il lui a accordé — droit personnel au point que la femme, ordinairement privée de toute initiative, peut faire cette révocation, seule, sans l'assistance de son mari, ou de justice.

61. — Est-il possible de présenter un criterium des droits attachés à la personne ?

Sera-ce l'*intransmissibilité* par décès ?

Non. L'usufruit, par exemple, est intransmissible, et les créanciers de l'usufruitier peuvent exercer ce droit au nom de ce dernier. — L'action en révocation d'une donation pour ingratitude est parfois transmissible (art. 957, Code civil), et, cependant, les créanciers ne peuvent rien sur elle.

Sera-ce l'*incessibilité ?*

Non encore. Le droit d'intenter une action en dommages-intérêts pour réparation d'un crime ou d'un délit est cessible et ne peut pourtant être exercé par les créanciers. L'appréciation de l'opportunité d'une poursuite est toute personnelle à la personne victime de ce crime ou de ce délit.

62. — L'art. 1446 donne à la femme le droit de demander la séparation de biens d'avec son mari lorsque sa dot est mise en péril. C'est pourtant là un droit qui fait partie du patrimoine de la femme, un droit d'un intérêt pécuniaire, ce même droit devrait donc appartenir à ses créanciers. — Le législateur le leur a refusé, parce que cette demande en justice peut troubler la paix du foyer, et c'est à la femme d'examiner si l'intérêt de conservation de sa dot est supérieur à cet intérêt moral, et si la femme a assez de désintéressement pour sacrifier sa dot, dit d'Aguesseau dans l'un de ses plaidoyers, les créanciers ne peuvent s'en plaindre.

Et à ceux qui ne trouvent pas cette raison suffisante, parce que s'il est louable de se sacrifier, il n'est pas juste de le faire aux dépens des autres, on peut ajouter que le législateur n'a pas voulu permettre aux créanciers de s'immiscer chaque jour dans les affaires de la communauté, dont ils auraient eu besoin de connaître l'état pour prendre un parti en connaissance de cause.

63. — La renonciation implicite à l'usufruit légal par l'émancipation peut-elle être attaquée par les créanciers du père ?

L'ancienne jurisprudence repoussait l'action des créanciers, et pourtant dans les pays de droit écrit l'usufruit légal ne prenait fin que par la mort du père, et alors il représentait une valeur sérieuse dans son patrimoine. *A fortiori*, devrons-nous admettre la même solution dans notre droit, où cet usufruit prend fin par l'émancipation qui peut avoir lieu, lorsque l'enfant a atteint l'âge de quinze ans, et en tous cas lorsqu'il a atteint l'âge de dix-huit ans. Et, en effet, par l'émancipation, le père ne fait qu'user d'un droit personnel qui découle de la puissance paternelle, droit essentiellement moral.

La Cour de cassation a admis ce système, malgré les conclusions contraires de Merlin (1).

Si la renonciation à l'usufruit légal avait été directe, sans émancipation, et faite en fraude, sans hésiter nous donnerions l'action.

64. — Les créanciers pourront-ils exercer une action en réclamation d'état que néglige leur débiteur et qui pourrait, au point de vue pécuniaire, avoir des résultats avantageux ?

Dans cette hypothèse il y a et intérêt moral et intérêt pécuniaire.

Toullier admet l'affirmative, mais il est combattu par Duranton et M. Demolombe qui professent, avec raison, que l'intérêt moral est capital dans ce cas et doit incontestablement l'emporter.

C'est également la décision de la Jurisprudence (2).

65. — La législation romaine décidait que les

<hr>

(1) Merlin, *Questions de droit*, voir *Usufruit paternel*, § 1.
(2) Demolombe, XXV, n° 69. — Amiens, 10 avril 1839. — Bastia, 2 fév. 1857. — En sens contraire : Marcadé, art. 1166, n° 2. — Valette, sur Proud'hon, II, p. 122, note A. — Larombière, art. 1166, n° 4. — Aubry et Rau, IV, p. 125, note 30. — Ces derniers auteurs font des distinctions.

actes par lesquels le débiteur néglige d'augmenter son patrimoine, ne sont pas soumis à l'action révocatoire. Notre Code a-t-il suivi cette tradition, ou bien a-t-il admis que tous les actes du débiteur, même ceux par lesquels il a refusé de s'enrichir, tombent sous le coup de l'action ?

La question est fort controversée, sans pourtant présenter un bien grand intérêt, puisque les deux systèmes aboutissent à des résultats presque identiques.

Pour nous, l'art. 1167 est général et ne reproduit pas la règle du droit Romain : tous les actes frauduleux du débiteur peuvent être attaqués par les créanciers.

Outre les termes généraux de l'art. 1167, le législateur a eu le soin, dans toutes les applications qu'il en a faites, de donner la solution contraire à la règle romaine. Ainsi le débiteur qui renonce à une succession, à un legs, à une substitution, refuse certainement de s'enrichir, et le Code soumet ces renonciations, contrairement à la loi romaine, à l'action Paulienne.

C'est qu'il y a changement de principes.

Dans notre législation, le débiteur diminue son patrimoine toutes les fois qu'il se dessaisit d'un droit qui pouvait être exercé sans aucun fait de sa part.

L'on ne peut expliquer ce changement de législation à l'égard des renonciations à succession (art. 788), comme le font Mourlon et Marcadé, par cette raison que chez nous l'héritier, étant saisi de plein droit, dès le jour même de l'ouverture de la succession, de la propriété des biens qui la composent, la répudiation, qu'il en fait, contient réellement une diminution de patrimoine. — En effet, les Romains ne distinguaient pas entre l'héritier externe et l'héritier sien ; la décision était la même, l'action ne les atteignait pas, ils avaient seulement refusé de s'enrichir, et pourtant l'héritier sien était saisi de plein droit, comme le sont nos héritiers.

Mais nous n'allons pas jusqu'à décider que l'action révocatoire est accordée aux créanciers, lorsque le débiteur refuse une offre avantageuse, soit une donation ordinaire, soit le bénéfice d'une stipulation intervenue entre des tiers (art. 1121).

Ces offres ne peuvent être considérées comme faisant partie du patrimoine du débiteur, car, tant qu'elles ne sont pas acceptées, elles peuvent être retirées, et le patrimoine, gage des créanciers, ne peut être composé suivant le caprice d'autrui.

L'on ne peut argumenter de l'art. 2092, qui déclare que les « biens à venir » répondent des engagements du débiteur. Cet article n'a pas le sens large qu'on veut lui donner. Ces mots « biens à venir » signifient que les biens du débiteur deviennent le gage des créanciers au fur et à mesure qu'ils entrent dans son patrimoine.

66. — Nous venons de voir des exemptions au

principe que tous les actes du débiteur tombent sous le coup de l'art. 1167 ; le deuxième alinéa de cet article paraît créer une autre exception.

« Les créanciers doivent néanmoins, quant à leurs droits énoncés au titre des *successions* et au titre du *contrat de mariage*, se conformer aux règles qui y sont prescrites. »

Que signifie cette disposition ? Veut-elle dire qu'en matière de successions et de conventions matrimoniales, les créanciers n'auront contre leur débiteur que les droits que la loi leur accorde, en dehors du principe général de l'art. 1167 ? La seconde partie de l'article est-elle une restriction à la première partie ?

Nous ne le pensons pas. — L'action révocatoire est générale. Les créanciers ne doivent avoir à supporter la fraude de leur débiteur pas plus en matière de successions et de contrats de mariage, qu'en autres matières.

Que signifie donc cette partie de l'art. 1167 ?

Bigot Préameneu disait, dans l'exposé des motifs :

« On n'a cependant pas voulu que des créanciers pussent troubler le repos des familles, en attaquant comme frauduleux certains actes qui sont nécessaires, actes qu'ils ne sont point censés avoir ignorés et dans lesquels on leur donne seulement le droit d'intervenir pour y défendre leurs droits. Ces cas sont prévus dans le Code civil. Tel est celui d'un cohéritier dont les créanciers peuvent s'opposer à ce qu'il soit procédé hors leur présence au partage des biens de la succession qu'il recueille et y intervenir à leurs frais, mais sans avoir le droit d'attaquer ce partage lorsqu'il est consommé, à moins qu'on n'eût procédé sans égard à une opposition qu'ils auraient formée (1). »

Le deuxième alinéa de l'art. 1167 a donc rapport aux partages. Ce sont là les actes nécessaires dont parle Bigot-Préameneu ; les tiers peuvent les connaître, le partage étant annoncé par un fait public, la mort du débiteur ; les créanciers peuvent intervenir au partage et veiller à ce qu'il ne se fasse pas en fraude de leurs droits ; de cette manière on évite l'action et l'annulation d'un acte qui intéresse toute une famille. Cela ne veut pas dire que les créanciers n'aient jamais l'action révocatoire, ils l'ont quand, au mépris de leur opposition, on a procédé au partage sans les y appeler. En définitive, l'art. 882 ne fait que modifier l'exercice du droit qui appartient aux créanciers.

Art. 882 : « Les créanciers d'un copartageant, pour éviter que le partage ne soit fait en fraude de leurs droits, peuvent s'opposer à ce qu'il y soit procédé hors de leur présence ; ils ont le droit d'y intervenir, à leurs frais ; mais ils ne peuvent attaquer un partage consommé, à moins toutefois qu'il n'y ait été procédé sans eux et au préjudice d'une opposition qu'ils auraient formée.

Cet article soulève des difficultés.

(1) Poncelet, I, p. 433, art. 1167.

67. — Et d'abord, pour comprendre tout l'intérêt de cette question, voyons comment les créanciers d'un copartageant peuvent avoir à souffrir de la fraude de celui-ci dans le partage auquel il procède avec les autres copartageants.

Par exemple, l'un des héritiers a des créanciers, l'autre n'en a pas, et la succession se compose de valeurs mobilières et d'immeubles. Les immeubles seront donnés à l'héritier solvable, et les valeurs mobilières à l'héritier insolvable, parce qu'il pourra facilement les soustraire aux poursuites de ses créanciers.

L'un des héritiers a consenti des hypothèques sur un des immeubles de la succession ; on fera en sorte que cet immeuble soit mis dans le lot d'un autre héritier pour faire tomber ces hypothèques en vertu du principe déclaratif de l'art. 883.

68. — Parcourons maintenant les diverses hypothèses qui pourront se présenter.

I. — Les créanciers n'ont pas fait opposition au partage, qui s'est accompli hors leur présence.

Pourront-ils attaquer le partage fait en fraude de leurs droits ?

Le principe général de l'art. 1167 leur accorderait cette faculté, mais l'art. 882 est venu y apporter une restriction et donner aux créanciers un moyen de se garantir de cette fraude ; c'était de pouvoir s'opposer à ce qu'il fût procédé à ce partage hors leur présence. Ils ont le droit d'intervenir, d'être présents à toutes les opérations et de réclamer à la première fraude qui pourrait se commettre. S'ils ne le font pas, l'art. 882 est formel : « ils ne peuvent attaquer un partage consommé. »

C'est à bon droit que le législateur a émis cette disposition : pour les actes ordinaires, il pouvait se montrer plus facile. En effet, les partages se passent non pas entre deux personnes quelconques, mais entre deux familles, et il est rare qu'il n'y ait que deux copartageants. Et si le partage venait à être annulé, que d'intérêts compromis, car les copartageants disposent ordinairement de ces biens en les aliénant ou en les hypothéquant : Que de recours il y aurait à exercer ! — Ici au contraire les intérêts des créanciers sont bien sauvegardés ; Ils n'ont qu'à assister à ces partages ; moyen de garantir leurs droits plus efficace que l'action de l'art. 1167, car prouver la fraude n'est pas toujours aisé, surtout lorsqu'il y a un certain nombre de contractants.

Cette interprétation a été donnée par la Cour de Cassation dans un arrêt, du 9 juillet 1866, rendu sur les conclusions conformes de M. Fabre, avocat général :

« Attendu qu'en matière de partage, ces restrictions (de l'art. 1167, deuxième alinéa) se rencontrent évidemment dans l'art. 882, qui autorise les créanciers d'un copartageant qui veulent éviter que le partage ne soit fait en fraude de leurs droits, à s'opposer à ce qu'il y soit procédé hors de leur présence et leur interdit toute action contre un partage consommé, à moins toutefois qu'il n'y ait été procédé sans eux, au mépris d'une opposition qu'ils auraient formée ; — Attendu que cette interdiction est absolue et comprend, dans sa généralité, toutes les actions qu'un créancier pourrait vouloir exercer contre un partage consommé avec son débiteur, par conséquent celle basée sur la fraude, comme toutes les autres, quelqu'en puisse être le motif ; qu'à cet égard aucun doute n'est permis en présence de la disposition si formelle de l'art. 882 qui ne donne au créancier le droit d'opposition que dans la prévision d'une fraude possible et pour le mettre en situation de la déjouer (1). »

La jurisprudence la plus récente paraît s'affirmer définitivement en ce sens (2).

69. — Nous admettons cependant, avec la jurisprudence et la doctrine, des restrictions au principe de l'art. 882.

Les créanciers peuvent attaquer un partage auquel ils n'ont pas formé opposition, lorsque ce partage est simulé.

---

(1) Cass., 9 juillet 1866 (D., p. 66, 1, 369), c'est la première fois que la Cour était appelée a juger cette controverse. — Bordeaux, 3 mai 1833. — 29 novembre 1836. — Riom, 23 juillet 1838. — Douai, 7 juin 1848. — 15 décembre 1851. — Caen, 24 avril 1863.— Demolombe, *Successions*, V, 241. — Aubry et Rau, VI, p. 593. En sens contraire : Bordeaux, 25 novembre 1834. — Montpellier, 11 juin 1839. — Amiens, 14 novembre 1840 et autres arrêts cités par Dalloz (D., p. 66, 1, 370, note).

(2) Cass., 17 février 1874. — Paris, 10 août 1877. — Lyon, 12 juin 1879 (*Gazette des tribunaux*, n° 16283).

Alors c'est un partage qui n'a pas d'existence, et la loi, en refusant aux créanciers l'action révocatoire contre les partages, a entendu parler d'un partage réel, faisant cesser l'indivision entre les héritiers, contre lequel les créanciers peuvent prendre leurs précautions par leur intervention. — Par un partage simulé l'indivision demeure entre les héritiers qui ne sont pas copartageants, puisqu'il n'y a pas de partage.

La Cour de cassation a jugé dans ce sens, en matière de licitation et de vente, qui n'étaient pas sérieuses :

« Attendu qu'il résulte, en fait, que l'adjudication par licitation et la vente... n'avaient rien de sérieux; que par conséquent ces actes n'ont pas d'existence, d'où il suit qu'en jugeant que la maison dont il s'agissait était restée dans la propriété des héritiers et qu'il y avait lieu d'entrer en partage et aux créanciers de faire valoir leurs droits (1). »

L'art. 882 n'est pas encore applicable, lorsque les héritiers mettent une précipitation frauduleuse à procéder au partage, afin d'empêcher les créanciers de former opposition et d'intervenir (2).

(1) Cass., 10 mars 1825, 22 mai 1854 (D., p. 54, 1, 250).— Bordeaux, 29 août 1864 (D., p. 66, 1, 369).

(2) Limoges, 15 avril 1856. — Cass., 4 fév. 1857. — Bordeaux, 29 août 1864, joint à Cass., 9 juillet 1866 (D., p. 66, 1, 369).— Colmar, 16 mars 1869. — Cass., 14 février 1870 (D., 71, 1, 21).— Paris, 10 août 1877, 30 novembre 1877. — Paris, 9 janvier 1879 (*Revue du notariat*, n° 5883). — Rennes, 28 juin 1878. —Lyon, 14 juin 1879 (*Gazette du notariat*, 1879, n° 492).

En effet, si l'art. 882 ne permet pas aux créan.
ciers d'attaquer un partage consommé, c'est qu'il leur
accorde un autre moyen de se garantir : former
opposition à ce partage. C'est donc là la condition
de ce refus. Et si par leurs manœuvres dolosives,
leur précipitation, les copartageants ont empêché
les créanciers de former cette opposition, la condition de l'art. 882 est réputée accomplie, puisque
c'est le débiteur (les copartageants dans l'espèce),
qui en a empêché l'accomplissement (art. 1178).

Dans l'espèce, jugée le 3 janvier 1879 par la
Cour de Paris, deux frères avaient partagé la succession de leur père quelques jours après son
décès, et avaient caché à la femme de l'un d'eux,
qui était créancière de son mari, la mort de son
beau-père ; elle n'avait pu la connaître qu'un mois
après, alors que le partage était consommé.

70. — Même dans ces cas de simulation et
de manœuvres dolosives, ou bien quand on a procédé au partage, comme nous le verrons plus loin,
malgré l'opposition des créanciers, l'action révocatoire ne peut être exercée par ces derniers que
si, en réalité, le partage consommé leur cause un
préjudice juridiquement appréciable (1).

Cependant un arrêt de la Cour de Douai, en date
du 26 décembre 1853, a décidé que le bénéfice de
l'opposition, formée par le créancier, ne consiste

(1) Paris, 26 décembre 1878 (de Plémont, C. Ardoin et
Milleret).

pas seulement pour lui dans le droit de contrôler et d'arguer de fraude les opérations auxquelles il est procédé en son absence, mais qu'il a pour conséquence nécessaire de faire considérer ces opérations comme non avenues relativement à lui.

Mais il est préférable de s'en tenir aux termes de l'arrêt de la Cour de Paris, du 26 décembre 1878. Dès que le préjudice existera, les créanciers pourront attaquer le partage (art. 882); mais il faudra que ce préjudice existe, car sans intérêt, pas d'action.

Ainsi il a été jugé qu'un partage de succession, opéré au mépris d'une opposition formée par un créancier de l'un des copartageants, n'est pas nul d'une manière absolue à l'égard de ce créancier. Il est seulement susceptible d'être attaqué par le créancier opposant comme *préjudiciant* à ses droits, mais sans être obligé de prouver qu'il a été usé, à son détriment, de dol ou de fraude (1).

Et le 22 décembre 1869, la Cour de Cassation a décidé que le partage, opéré hors la présence du créancier opposant, n'est pas nul *ipso facto* ; il ne peut être annulé qu'autant qu'il préjudicie à ce créancier, qui doit justifier de son intérêt à l'attaquer (2).

71.—II.—Les créanciers ont formé opposition ; mais on n'en a pas moins procédé au partage.

(1) Pau, 3 février 1855 (D., p. 56, 2, 13).
(2) Cass., 22 décembre 1869 (D., p. 70, 1, 253).

Quel sera le droit de ces créanciers ?

Ils peuvent attaquer, dit l'art. 882, le partage auquel il a été procédé sans eux et au préjudice de l'opposition qu'ils ont formée.

Comme nous venons de l'indiquer dans le numéro qui précède, le partage n'est pas radicalement nul, il existe, mais il peut être attaqué en nullité par les créanciers qui n'auront pas à prouver la fraude, comme dans l'art. 1167, mais simplement à établir que le partage a été fait hors leur présence et au préjudice de leur opposition ; il faut donc, comme nous l'avons démontré (n° 70), qu'un préjudice leur ait été causé. Il suffira, parce que l'art. 882 présume la fraude, quand les héritiers ont procédé au partage sans respecter l'opposition qui leur a été signifiée.

72. — Le second alinéa de l'art. 1167 contient un autre renvoi au titre du contrat de mariage, comme présentant une seconde dérogation au principe général de son premier alinéa.

Quels articles du Code vise ce renvoi ?

Il y a d'abord l'art. 1476 qui soumet le partage de la communauté à la régle de l'art. 882 :

Art. 1476 : « ... le partage de la communauté pour tout ce qui concerne ses formes... est soumis à toutes les règles qui sont établies au titre des *successions* pour les partages entre *cohéritiers*. »

Ensuite il y a l'art. 873 du code de procédure civile qui s'occupe de la séparation de biens.

Art. 873 : « Si les formalités prescrites au présent titre ont été observées, les créanciers du mari ne seront plus reçus, après l'expiration du délai dont il s'agit dans l'art. précédent (un an), à se pourvoir par tierce opposition contre le jugement de séparation. »

En principe, l'action révocatoire, qu'elle s'exerce par voie ordinaire ou par tierce opposition, dure trente ans. Mais lorsque les formalités énumérées dans les art. 1444 et 1445 du Code civil et 865 à 872 du Code de procédure ont été observées, le délai pour attaquer la séparation de biens n'est plus que d'un an.

C'est peut-être là la restriction à l'action révocatoire, dont veut parler le second alinéa de l'art. 1167.

CHAPITRE IV

PAR QUI L'ACTION RÉVOCATOIRE PEUT ÊTRE INTENTÉE

73. — L'art. 1167 donne *aux créanciers* le droit d'attaquer les actes de leur débiteur faits en fraude de leurs droits ; il ne fait aucune distinction ; ses termes sont généraux. — *Tous les créanciers* donc pourront recourir à l'action révocatoire : non seulement les créanciers chirographaires, mais encore les créanciers hypothécaires.

Cette décision était déjà admise par Voët, qui remarquait qu'il serait singulier et injuste que le créancier, qui a veillé à ses intérêts en stipulant une hypothèque, eût moins de droits que les créanciers chirographaires, qui n'ont pris aucune précaution contre l'insolvabilité de leur débiteur (1).

Les auteurs et la jurisprudence sont unanimes en ce sens, En 1873, la Cour de cassation a jugé l'espèce suivante :

(1) Voët, XLII, VIII, 3.

Un sieur des Essarts avait vendu à sa femme, dont il était séparé de biens, un immeuble au prix de 50,000 fr. : partie de ce prix devait compenser, jusqu'à due concurrence, les reprises de la dame des Essarts. Un créancier hypothécaire (une société Boyvet) poursuivit et obtint du tribunal de Dinan la nullité de cette vente comme faite en fraude de ses droits. On opposa à cette société qu'elle aurait dû user de son droit de surenchérir et qu'elle ne pouvait avoir recours à l'action de l'art. 1167. La Cour de Rennes confirma le jugement du tribunal de Dinan ; et sur pourvoi, la Cour déclara :

« Que la faculté donnée aux créanciers hypothécaires du vendeur, de surenchérir le prix des objets vendus, ne les prive pas, lors même qu'ils n'ont pas usé de cette faculté, du droit de poursuivre la nullité de la vente faite à leur préjudice pour cause de dol et de fraude (1). »

Le créancier hypothécaire qui a surenchéri (2), et même dont la surenchère a été déclarée nulle, peut encore se pourvoir en nullité de la vente pour cause de fraude (3).

74. — Le créancier à terme peut-il agir par l'action Paulienne ?

---

(1) Cass., 18 février 1878 (D., p. 78, 1, 291). — Comp. Bordeaux, 14 juillet 1873 (D., p. 73, 2, 18).
(2) Cass., 14 février 1826.
(3) Cass., 11 janvier 1815.

Oui évidemment; le terme ne change rien aux droits du créancier (1) ; mais, en fait, la difficulté ne se présentera pas.

En effet, pour qu'il y ait lieu à l'action Paulienne, il faut que le débiteur soit insolvable ou que l'acte attaqué le rende insolvable. On sera donc toujours dans l'un de ces trois cas : faillite, déconfiture du débiteur, diminution par son fait des sûretés données aux créanciers. Et alors ce débiteur est déchu du terme (art. 1188) ; le créancier a donc le droit d'agir.

75. — Le créancier conditionnel a-t-il le même droit ? Les principes ne permettent pas d'admettre un pareil résultat.

Le créancier conditionnel n'a que le droit de faire les actes conservatoires, pour sauvegarder ses droits (art. 1180).

Peut-on dire que l'action révocatoire soit un acte conservatoire ? C'est bien plutôt un acte d'exécution, puisqu'il anéantit les droits qu'un tiers tient du contrat. Le droit du créancier n'est qu'un droit incertain, il ne peut donc agir. — L'exercice de l'action donne le droit au tiers poursuivi de réclamer la discussion préalable des biens du débiteur, et cette discussion n'a lieu que par la vente des autres biens de ce dernier ; le créancier conditionnel, qui ne peut demander dès maintenant une condamnation

---

(1) Demolombe, XXV, n° 230.— Contra : *Capmas*, n°s 70-71. — Duranton, X, n° 585.

contre son débiteur, pourrait obtenir la vente de ses biens (1) ?

76. — Seuls les créanciers antérieurs à l'acte frauduleux peuvent intenter l'action Paulienne.

Cette question ne présente aucun doute ni en doctrine ni en jurisprudence (2).

L'action révocatoire est fondée sur le préjudice que le débiteur cause à ses créanciers par la diminution de son patrimoine. Les créanciers postérieurs à l'acte, n'ayant point, à ce moment, de gage sur ce patrimoine, n'ont pu subir de préjudice et compter sur des biens qui n'appartenaient plus à leur débiteur. — Pour avoir ce droit, ils devraient obtenir d'un créancier antérieur la subrogation de l'article 1250.

77. — L'application de ce principe fait naître cependant quelques difficultés.

Un créancier obtient contre son débiteur un jugement de condamnation pour un fait antérieur à l'acte attaqué ; le titre dont se prévaudra le créancier est bien postérieur à l'acte frauduleux, mais le droit qu'il consacre est antérieur, et nous savons qu'un jugement ne crée pas de droits, mais les reconnaît seulement (3).

(1) *Capmas*, nᵒ 70-71. — Contra : Demolombe, XXV, 230.
(2) Aubry et Rau, IV, p. 133, note 13. — Demolombe, XXV, 178. — Cass., 8 mars 1854, 9 janvier 1865.
(3) Cass., 12 novembre 1872 (D., p. 74, 1, 78.— Bastia, 29 mai 1855 (D., p. 56, 2, 112).

Aussi la Cour de Cassation a jugé, le 12 novembre 1872, que les créanciers peuvent faire annuler, comme fait en fraude de leurs droits, le *partage d'ascendant* consenti par leur débiteur, alors même que leur créance, résultant d'un compte courant et antérieur au partage n'a été reconnue que par un jugement postérieur à ce partage.— Sur ce premier point il n'y a encore aucun doute.

Mais il est moins facile de décider dans le cas où le créancier s'appuie sur un titre sous seing privé, n'ayant pas date certaine antérieure à l'acte.

Nous exigerons que le titre ait date certaine, car pour qu'un créancier puisse agir par l'action révo‑catoire, nous avons vu qu'il fallait que son droit fût antérieur à l'acte attaqué ; c'est une condition essentielle. Et le créancier étant demandeur, c'est à lui de prouver son droit d'agir en vertu d'un titre certain et d'après l'art. 1328.

« Les actes sous seing privé n'ont de date certaine contre les tiers que du jour où ils ont été en‑registrés. »

Il est hors de doute que ceux qui ont traité avec le débiteur sont des tiers pour les créanciers. La fraude qu'ils allèguent ne peut les soustraire au droit commun ; *onus probandi incumbit actori.* Car de leur côté aussi la fraude serait possible, une antidate par exemple, et il n'y a en leur faveur aucune cause de préférence (1).

(1) Tribunal de Caen, 10 août 1847 (D., p. 51, 5, p. 180). — Comp. cass., 15 juin 1843.

La doctrine est généralement contraire à ce système, qui est suivi par la jurisprudence ; mais MM. Aubry et Rau et Demolombe, qui en sont les principaux adversaires, sont divisés entre eux et sont obligés d'établir des distinctions (1).

78.— La jurisprudence décide, avec raison, que le principe d'après lequel les créanciers postérieurs ne peuvent attaquer un acte comme fait en fraude de leurs droits, doit recevoir une restriction dans le cas où l'acte frauduleux avait eu pour objet de dépouiller à l'avance les créanciers futurs de leurs droits sur l'actif du débiteur.

Ici en effet l'acte a été fait précisément en fraude des créanciers postérieurs, puisqu'il avait pour but de tromper les tiers qui contracteraient ultérieurement avec le débiteur (2).

Ainsi un propriétaire consentit un bail de trente ans avec exagération frauduleuse du prix. — Le bailleur avait ainsi un privilège pendant trente ans, au détriment des créanciers à venir, sur la plus grande partie de l'actif du débiteur.

79. — Les créanciers pourront toujours renoncer au droit qu'ils ont d'attaquer un acte fait en fraude Il faut nécessairement que cette renonciation ait

(1) Aubry et Rau, IV, p. 133, note 15. — Demolombe, XXV, 234.

(2) Cass., 7 février 1872 (D., p. 73, 1, 80). — 2 février 1852 (D. p. 52, 1. 49). — Bordeaux, 30 novembre 1869 (D., p. 71, 2, 234), — Larombière, t. I, p. 731.

lieu après la consomma᾽tionde l'acte.

La renonciation même pourra être tacite, mais il faudra que cette intention soit bien manifeste.

De ce qu'un débiteur pratique d'abord une saisie-arrêt sur le prix d'une vente, consentie par son propre débiteur, ensuite attaque la vente en vertu de l'article 1167, il ne s'ensuit pas que cette seconde voie lui soit interdite (1).— Et nous avons vu (n° 73) que le créancier hypothécaire qui a surenchéri, n'a pas pour cela renoncé à demander la nullité de la vente pour cause de fraude.

Aussi ces renonciations seront-elles bien rares.

---

(1) Bourges, 24 janvier 1828 (D., a. vente, n° 152).— Bordeaux, 17 août 1848 (D., p. 49, 2, 61).

CHAPITRE V

CONTRE QUI L'ACTION RÉVOCATOIRE PEUT ÊTRE INTENTÉE

80. — Nous avons vu que l'action de l'art. 1167 peut être intentée contre le débiteur et sous quelles conditions elle peut l'être contre celui qui a traité avec lui, en fraude de ses créanciers : principe incontestable.

Mais on n'est plus d'accord sur la question de savoir si l'action peut également être formée contre un sous-acquéreur.

Comme nous l'avons démontré (n° 6) l'action révocatoire est personnelle et il semble bien qu'il en faut conclure qu'elle ne se donne pas contre les sous-acquéreurs.

En effet, cette action doit être dirigée contre « l'acte fait par le débiteur, » dit l'art. 1167, et le tiers ne peut être atteint que comme complice de la fraude. Si c'est une vente qu'on veut faire annuler, les créanciers attaquent le contrat passé entre le vendeur, leur débiteur et l'acheteur. Et si ce dernier a vendu lui-même la chose, les créanciers du

premier vendeur ne sont plus dans les termes de
l'art. 1167 à l'égard du deuxième acquéreur, qui
n'est pas leur débiteur. Il n'est point tenu envers
eux, car il n'a rien fait sortir du patrimoine du
débiteur, c'est un tiers ; et pour agir contre les tiers,
qui ne sont pas obligés personnellement, il faut
avoir à opposer une action réelle.

81. — Mais la fraude commise par le premier
acquéreur ne sera pas sans avoir de conséquences
contre le sous-acquéreur. Aux termes de l'art. 2125,
celui qui n'a qu'un droit sujet à rescision, ne peut
consentir que des droits sujets également à rescision.
— Le droit du premier acheteur était susceptible
d'annulation et le droit qu'il aura transmis pourra
lui-même être annulé : *nemo plus juris in alium
transferre potest quam habet.*

Le système de la tradition romaine, suivi généralement par les auteurs (1), conduit à rendre l'action Paulienne illusoire dans ce cas ; car la mauvaise
foi exigée de la part du sous-acquéreur, pour qu'il
puisse être atteint, se rencontrera bien rarement et
se prouvera bien difficilement.

Notre système au contraire respecte tout à la fois
et le but et le texte de la loi : garantir les créanciers
contre la fraude et n'exiger d'eux que la preuve de
la fraude de la part de leur débiteur ou de leur complice ; pour nous, la tradition romaine ne doit pas

(1) Aubry et Rau, IV, p. 137, note 24. — Demol., XXV, 200.
— Larombière, I, n° 46.

être suivie parce qu'elle est contraire au texte de l'art. 1167 et qu'à défaut d'un texte précis et exceptionnel nous devons appliquer le droit commun (art. 2125) (1).

Le sous-acquéreur de bonne foi sera naturellement considéré comme un possesseur de bonne foi et fera les fruits siens ; il pourra aussi prescrire par dix ou vingt ans.

82. — Mais on objecte : que les créanciers ne peuvent pas avoir d'action contre les tiers si on leur refuse l'action révocatoire ; parce que, si un propriétaire, qui fait annuler une vente, peut agir contre les tiers auxquels son acheteur a concédé des droits, c'est qu'il a le droit de revendiquer ; il est censé être resté propriétaire ; — au contraire les créanciers, n'étant point propriétaires et n'ayant qu'une action personnelle, ne peuvent agir contre les tiers ; ils ne peuvent revendiquer la chose, ils agissent contre le véritable propriétaire pour obtenir la réparation du dommage que la fraude a causé.

À cette objection, nous répondrons que l'action de l'article 1167 est une action en nullité, et nous le démontrerons plus loin (n° 90). Les créanciers demandent que leur gage, enlevé par la fraude, leur soit rendu ; et il ne peut l'être sans qu'il rentre dans le patrimoine de leur débiteur ; il faut donc que

(1) Duvergier, sur Toullier, III, 2, p. 227, note 1. — Laurent, XVI, n° 465.

celui-ci recouvre sa propriété à l'égard de ses créanciers.

La fiction de l'art. 1167 est donc celle-ci :

Si c'est une vente d'immeuble, par exemple ; la vente est annulée dans l'intérêt des créanciers seulement et subsiste entre le vendeur et l'acheteur. — Pour l'acheteur, le débiteur a cessé d'être propriétaire, mais pour les créanciers il est censé n'avoir jamais cessé de l'être et ils font rentrer dans son patrimoine leur gage qui en était sorti. — Cette réintégration ne peut s'opérer que par une action en revendication que les créanciers exercent au nom de leur débiteur. — Dans l'instance en annulation dirigée contre le débiteur, ils mettront en cause le sous-acquéreur pour que la décision soit rendue contre lui.

83. — Un arrêt de la Cour de Cassation, en date du 2 février 1852, avait bien dit :

« Que le cessionnaire à titre onéreux, qui a acquis de bonne foi, ne peut pas être personnellement recherché à raison de la fraude qu'on prétendrait avoir été commise au préjudice des créanciers de l'un des contractants et à laquelle ce cessionnaire est resté étranger (1). »

Mais la Cour s'était contentée d'affirmer un principe sans en donner les motifs.

Un arrêt plus récent de la Cour de Lyon (23 jan-

____

(1) Cass., 2 février 1852 (D., p. 52, 1, 49).

vier 1863), embrassant le système que nous avons soutenu, motivait ainsi sa décision :

« Attendu qu'aux termes de l'art. 2125 du Code civil, les hypothèques consenties sur un immeuble sont résolubles dans tous les cas où le droit de propriété sur cet immeuble est lui-même résoluble ou sujet à la rescision ; — attendu que la doctrine et la jurisprudence distinguent entre la résolution procédant d'une cause actuelle et qui ne remonte pas au contrat, et celle dérivant d'une cause nécessaire, ancienne, coexistant avec le contrat et le viciant dans son essence ; que dans le premier cas, le contrat a existé et pendant cette existence réelle, l'hypothèque consentie par l'acquéreur s'est imprimée sur l'immeuble qui était devenu sa propriété, mais que dans le second cas le vice de l'acte annihile l'hypothèque inscrite parcequ'il procède d'une cause nécessaire, contemporaine du contrat, indépendante de la volonté ultérieure des parties, et que, dans ce dernier cas, les conséquences réfléchissent contre les tiers avec lesquels l'acquéreur peut avoir contracté sans qu'il y ait à tenir compte de leur bonne ou mauvaise foi (1). »

(1) Lyon, 23 janvier 1863 (D., p. 66, 1, 165). — Comp. : Paris, 2 février 1832 (D., A. *Privil. et hypoth.*, n° 735). — Cass., 24 décembre 1834 (D., A. *Priv.*, n° 1204).

CHAPITRE VI

DURÉE DE L'ACTION

84. — Quel est le délai pendant lequel l'action peut-être intentée ? — Le Code est muet, qu'en devrons-nous conclure ?

Devrons-nous laisser aux tribunaux le droit de décider, en prenant en considération les circonstances, pendant combien de temps les créanciers pourront agir et quand le délai aura été suffisant pour faire présumer l'absence de toute fraude? (Toullier.)

Mais ce n'est pas le temps écoulé sans agir de la part des créanciers qui peut donner le caractère frauduleux à l'acte, c'est uniquement la pensée du débiteur au moment de la passation de l'acte ; c'est à ce moment que les juges doivent se reporter pour constater l'existence du *consilium fraudis.*—C'est, dit Proudhon, confondre le point de droit avec le fait. Il ne s'agit pas de savoir dans quelles circonstances il y a eu fraude, mais seulement si l'action est prescrite et s'il est encore temps de prouver la fraude.

85. — Devrons-nous appliquer l'art. 1304 qui est ainsi conçu :

« Dans tous les cas où l'action en nullité ou en rescision n'est pas limitée à un moindre temps par une loi particulière, cette action dure dix ans. »

Cet article prévoit le cas ou l'une des *parties contractantes* agit en nullité. Il ne peut s'appliquer aux créanciers qui ne sont point parties contractantes à l'acte.

Nous ne pouvons donc admettre ce système de M. Duranton, consacré pourtant dans un arrêt de la Cour de Colmar (1).

86. — Nous admettrons, avec l'opinion générale, que l'action révocatoire peut être intentée par les créanciers pendant trente ans. Le législateur n'ayant pas émis de délai particulier, nous devons nous en référer au droit commun, à l'art. 2262 :

« Toutes les actions tant réelles que personnelles sont prescrites par trente ans, sans que celui qui allègue cette prescription soit obligé d'en rapporter un titre ou qu'on puisse lui opposer l'exception déduite de la mauvaise foi. »

Le point de départ du délai sera la date de l'acte attaqué, puisque l'art. 2262 n'en détermine pas

(1) Duranton, X, n° 585. — Colmar, 17 février 1830.

d'autre. Ce système est celui de la doctrine et de la jurisprudence.

La Cour de Cassation a été appelée à se prononcer pour la première fois en 1865 :

« Attendu que la prescription établie par l'art. 1304 n'est relative qu'aux actions en nullité ou en rescision à intenter entre les parties contractantes, leurs successeurs ou ayants cause, — qu'ainsi elle ne peut s'étendre à l'action que l'art. 1167 accorde au créancier pour faire révoquer les actes faits en fraude de ses droits, parceque le créancier exerce cette action en son nom propre et dans la mesure de son intérêt personnel et que les parties qui ont concouru à l'acte frauduleux ne peuvent, en aucun cas, s'en prévaloir (1). »

87. — Le défendeur à l'action pourra-t-il invoquer l'art. 2265? Pourra-t-il se prévaloir de la prescription de dix à vingt ans?

Nous ferons une distinction :

L'action est-elle intentée contre le tiers qui a traité avec le débiteur? — La prescription de dix à vingt ans n'aura aucun effet contre l'action, parce que cette prescription ne peut être opposée qu'au

---

(1) Cass., 9 janv. 1865 (D., p. 65, 1, 19). — Comp., Paris, 11 juillet 1829. — Toulouse, 15 janv. 1834. — Riom, 3 août 1840. — Bordeaux, 6 avril 1843. — Aubry et Rau, IV, p. 144, note 44. — Demol., XXV, 241 et 242. — Marcadé, art. 1167, n° 7. — Larombière, art. 1167, n° 54. — Colmet de Santerre, V, 82 *bis*, XVII. — Laurent, XVI, 467. — En sens contraire : Colmar, 17 fév. 1830. — Cass., 5 janv. 1830. — Duranton, X, 585. — Toullier, VI, 356.

propriétaire qui revendique la chose, et ici les créanciers, n'agissant que contre le débiteur ou son acquéreur, n'exercent pas une revendication ; ils s'appuient sur une action personnelle qui naît de la fraude dont ils ont à se plaindre (1).

Au contraire l'action est-elle intentée contre un sous-acquéreur? Nous avons soutenu (n° 82) que l'action des créanciers est une revendication. Après avoir fait rentrer la chose dans le patrimoine de leur débiteur, ils n'agissent plus en leur nom personnel contre le sous-acquéreur, mais revendiquent au nom de ce débiteur. La prescription peut donc leur être opposée ; car il ne faut pas perdre de vue la fiction de la loi. À l'égard de ses créanciers, le débiteur est censé n'avoir jamais cessé d'être propriétaire , et c'est en son nom qu'ils agissent contre le sous-acquéreur, qui est pour eux un possesseur de bonne foi. En effet on ne peut dire que le tiers, tenant son droit du propriétaire et étant ainsi lui-même propriétaire, il soit inadmissible qu'un propriétaire ait à invoquer la prescription. — Encore une fois, ce tiers n'invoque pas la prescription à l'égard de son auteur, pour lequel il est vraiment bien propriétaire, mais à l'égard des créanciers, qui, en vertu de la fiction, agissent au nom de leur débiteur exactement comme si la

____

(1) Aubry et Rau, IV, p. 145, note 45. — Demol., XXV, 244. — Cass., 9 janv. 1865 (D. p. 65, 1, 19) — En sens contraire : Proudhon, IV, n° 2405. — Larombière, n° 54.

chose, faisant encore partie du patrimoine de ce dernier, était possédée par un tiers.

Si l'action restait essentiellement personnelle, même quand il s'agit des tiers sous-acquéreurs, comment pourrait-on admettre que les créanciers ont le droit d'opposer l'action à des tiers qui ne sont tenus en aucune façon envers eux et qui n'ont pas été parties à l'acte frauduleux. Une action personnelle ne peut être donnée contre un tiers que lorsqu'il y a un lien personnel entre le défendeur et le demandeur.

88. — La même distinction doit être faite lorsque le tiers poursuivi veut invoquer la maxime de l'art. 2279 : en fait de meubles possession vaut titre.

Le tiers qui a traité avec le débiteur ne peut se retrancher derrière cette prescription instantanée, car, à son égard, l'action révocatoire étant personnelle, il n'est pas attaqué, comme possesseur, par le propriétaire, mais parce qu'il tient la chose du débiteur, en vertu d'un acte frauduleux ; fût-il donataire de bonne foi, sa bonne foi ne pourra le garantir.

Mais si l'action est intentée contre un tiers sous-acquéreur, comme ce n'est point en vertu de l'acte frauduleux que la chose lui a été transmise, il en devient instantanément propriétaire ; et aux créanciers qui agiraient au nom de leur débiteur, demeuré propriétaire quant à eux, le tiers pourra répondre : je possède, donc je suis propriétaire.

89. — Le délai ordinaire de l'action de l'art. 1167 sera donc de trente ans, mais à la condition que le droit dont le débiteur s'est frauduleusement dessaisi, ne soit pas lui-même soumis à une prescription plus courte.

Ainsi, une hérédité est possédée depuis vingt ans par quelques héritiers ; un autre cohéritier, qui ne s'était pas mis en possession, vient après ce temps à renoncer ; mais ses créanciers, en vertu de l'art. 788, attaquent cette renonciation comme frauduleuse. Ils n'auront plus que dix ans pour le faire, car la renonciation du cohéritier ne peut faire perdre à ses cohéritiers leur possession de vingt années.

Et voici pourquoi :

« L'action Paulienne, au cas de renonciation frauduleuse, ne produit qu'un effet ; elle anéantit la renonciation et fait revivre dans l'intérêt des créanciers le droit que le débiteur avait abdiqué à leur préjudice, mais elle le fait revivre comme il était avec les modalités qui l'affectaient. En un mot, l'action de l'art. 1167 se traduit dans ce cas par la possibilité d'exercer l'action de l'art. 1166 et cette dernière action suppose que le droit qu'elle met en mouvement existe encore dans la personne du débiteur (1). »

(1) M. Guillouard, p. 314.

CHAPITRE VII

EFFETS DE L'ACTION RÉVOCATOIRE

§ I.

Rapports des créanciers entre eux.

90. — Sur ce point encore le Code est muet ; aussi les difficultés et les controverses sont nombreuses.

Il importe d'abord d'établir ce qu'est l'action de l'art. 1167. Est-ce une action en nullité ?

Nous avons déjà répondu par l'affirmative.

L'action révocatoire est une action en nullité, parce qu'il en était ainsi dans le droit romain :

« Tendit hæc actio ad id, ut in pristinum *reponatur statum,* quod in fraudem creditorum gestum est... adeoque omnia perinde *revocentur restaurenturque, ac si neque alienatio facta aut quid aliud gestum sit* (1). »

L'acte, dit Voët, est rescindé, l'aliénation est révoquée et le bien restitué.

(1) Voët, XLII, VIII, 1 et 2

Le Code n'a apporté aucun changement à la tradition. L'art. 1167 dit que les créanciers peuvent *attaquer* les actes faits par leur débiteur. — Attaquer un acte, c'est demander que cet acte soit détruit, annulé.

L'art. 622 se sert lui-même de ce mot *annuler* : les créanciers de l'usufruitier peuvent faire *annuler* la renonciation.

L'art. 788 permet aux créanciers de demander que la renonciation de leur débiteur à une succession soit *annulée.*

Attaquer un partage, en vertu de l'art. 882, n'est-ce pas en réclamer l'annulation.

L'art. 271 déclare que toute obligation contractée par le mari à la charge de la communauté *sera déclarée nulle*, s'il est prouvé qu'elle a été contractée en fraude des droits de la femme.

Il est bien vrai que les créanciers ne demandent pas que l'acte soit annulé à l'égard de tous ; il subsistera entre le débiteur et son contractant. Les créanciers veulent être indemnisés du préjudice qu'il leur cause (1). — C'est vrai encore ; mais quel est donc ce préjudice? C'est l'amoindrissement du patrimoine de leur débiteur par la sortie du bien qui constituait leur gage. Et que demandent-ils pour réparation? — Que ce bien soit rétabli dans le patrimoine de leur débiteur. Et ce rétablissement

____

(1) Demol. XXV, 246. — Aubry et Rau, IV, p. 137, note 24.

ne pourra s'effectuer qu'après l'annulation de l'acte frauduleux :

C'est ainsi que la Cour de Bastia a jugé :

« Que la fraude dont un acte est infecté, le vicie dans son essence et entraîne radicalement et intégralement sa nullité (1). »

Ce que les créanciers demandent, en vertu de l'art. 1167, ce n'est donc point, comme l'enseigne M. Demolombe, simplement la réparation du préjudice que leur a causé l'acte *frauduleux;* ils n'exercent point une simple action en dommages-intérêts, une action en payement; mais *ils attaquent* l'acte pour obtenir la restitution de la chose enlevée à leur gage ; ils en demandent par là même l'*annulation.*

91. — Il résulte de ce principe que le bien aliéné, dans le cas de vente, par exemple, rentrera dans le patrimoine du débiteur, où il formera de nouveau le gage des créanciers. Comme le disait le droit romain : les choses seront remises dans leur ancien état en faveur des créanciers seulement, car la fiction qui considère la vente comme non avenue ne s'applique qu'à ceux-ci ; ce bien n'appartiendra plus au débiteur lui-même, qui s'en est dessaisi.

92. — Le bien aliéné, étant ainsi rentré dans le patrimoine du débiteur et redevenant le gage des

____

(1) Bastia, 29 mai 1855 (D., p. 56, 2, 112). — Comp., Cass., 1er août 1865 (D., p. 65, 1, 356).

créanciers , l'action profitera non seulement au créancier qui l'a intentée, mais à tous les autres créanciers, même étrangers au procèe.

Le principe de la chose jugée, *res inter alios acta nequenocet neque prodest*, ne sera pas violé parce que le créancier qui a agi ne s'est pas contenté d'intenter une action en dommages-intérêts; il a obtenu que l'acte dont il se plaignait, fût considéré comme non avenu, que par conséquent la chose aliénée fût considérée comme étant toujours restée dans le patrimoine du débiteur. Ce patrimoine ainsi réintégré est redevenu le gage de tous les créanciers sans exception, parce que l'acte frauduleux n'était pas fait personnellement contre celui qui a agi; il était fait en fraude de tous.

93. — Les créanciers postérieurs à l'acte attaqué profiteront de l'annulation aussi bien que les créanciers antérieurs. C'est une conséquence des principes qui régissent le droit de gage. Les biens du débiteur sont le gage commun de ses créanciers (art. 2093). A quelle époque se réalise-t-il? lors de la saisie des biens, quand le débiteur ne satisfait pas à ses engagements. Or, à ce moment, le bien aliéné frauduleusement est rentré dans le patrimoine du débiteur, il fait partie du gage commun des créanciers, il est compris dans la saisie qui frappe tous ses biens; donc il doit profiter à tous ses créanciers. On objecte que les créanciers postérieurs ne peuvent pas intenter l'action Pau-

lienne, et que, partant, ils n'en sauraient profiter.
La conséquence n'est pas juridique. Pour savoir
s'ils peuvent agir sur un bien il n'y a qu'une chose
à considérer, c'est si le bien est dans le patrimoine
du débiteur ; or il y est par suite de l'annulation de
l'acte frauduleux. On dira qu'il n'y est que par une
fiction. Cela est vrai, mais la loi consacre cette
fiction, il faut donc l'accepter avec ses conséquences (1).

94.— Le Droit romain décidait ainsi, et, comme
nous l'avons déjà dit, notre législateur, s'étant
montré par trop concis de détails sur l'action révocatoire, nous devons, à son défaut, nous en référer
à la tradition.

La Cour de Cassation, par arrêt du 12 avril 1836,
paraît avoir embrassé, au moins implicitement, le
système que nous venons d'exposer.

Une donation contractuelle avait été faite en 1809,
par une future à son futur époux, de tous ses
biens, avec réserve d'usufruit. En 1810, les deux
époux empruntèrent solidairement une somme, à
la garantie de laquelle ils hypothéquèrent un immeuble. En 1822, ils vendirent ensemble cet immeuble. Un ordre fut ouvert ; et des créanciers,
antérieurs au mariage, firent révoquer la donation
comme faite en fraude de leurs droits. Le juge
commissaire, écartant toute hypothèque du chef du

____

(1) Laurent, *Cours élémentaire*, 2, n° 622.

mari, comme conséquence de la révocation de la donation, divisa les créanciers en deux classes : les uns, comme ayant hypothèque seulement sur l'usufruit que la donatrice s'était réservé, les autres sur la toute propriété. Parmi les premiers se trouvèrent les créanciers de 1810, parmi les seconds, les créanciers antérieurs à la donation.

Ce règlement fut contesté, et après arrêt de la Cour de Paris, du 15 juillet 1829, il y eut pourvoi en Cassation.

La Cour décida que l'acte passé en 1810 par les deux époux renfermait une affectation hypothécaire portant sur la pleine propriété; que par l'effet de l'annulation de la donation, la femme n'avait jamais cessé d'être propriétaire de l'immeuble hypothéqué en 1810, et qu'ainsi cette hypothèque, constituée postérieurement à la donation frauduleuse, était valable.

La Cour suprême répondait ainsi à la prétention des créanciers antérieurs à la donation, qui soutenaient que la donation de la nue propriété faite au mari n'avait été annulée que dans leur intérêt et que le mari donataire n'avait pas cessé d'être propriétaire à l'égard de tous autres; que les créanciers antérieurs à la donation, sur la demande desquels cette donation avait été révoquée (1).

---

(1) Cass., 12 avril 1836 (D., A. *Privil. et hypoth.*. n° 735, note 1). — Comp. : Bordeaux, 28 mai 1832. — Colmet de Santerre, V, n° 182 *bis*, XV. — Laurent, XVI, 489; Pont, *priv. et hypoth.*. n° 18).

95. — Le tiers qui est poursuivi en même temps que le débiteur pour voir annuler l'acte frauduleux qui lui a été consenti, peut-il arrêter les poursuites en désintéressant les créanciers ?

Incontestablement oui ; quel est le but, en définitive, que poursuivent les créanciers ? La réparation du préjudice qui leur a été causé. Quand le préjudice vient à cesser, n'ayant plus d'intérêt, ils n'ont plus d'action.

§ 2.

Rapports des créanciers avec le tiers.

96. — Lorsque l'acte frauduleux est annulé, que doit restituer le tiers défendeur ?

Sur ce point les jurisconsultes romains faisaient une distinction, que nous adopterons, suivant que ce tiers était de bonne ou de mauvaise foi.

I. — Si le tiers défendeur est un donataire de mauvaise foi, ou un acquéreur à titre onéreux, mais complice de la fraude du débiteur, le préjudice causé aux créanciers doit être réparé en entier.

Les fruits qu'il a perçus ou négligé de percevoir devront être restitués.

S'il a fait des travaux sur le fonds aliéné, il pourra être obligé à enlever ce qu'il aura placé sur le fonds sans recevoir d'indemnité, et à remettre les choses dans leur état primitif. Et si les créanciers préfèrent conserver les travaux, ils n'auront à lui rembourser que le prix des travaux, sans qu'il puisse exiger d'eux la plus-value (art. 555).

Si la chose a péri ou a été dégradée, le tiers devra des dommages-intérêts et répondra même des cas fortuits, si la perte ou la dégradation ne se fût pas produite chez le débiteur.

Il ne pourra jamais délaisser. Si l'immeuble, au moment de l'aliénation, valait 1,000 et qu'au moment de la poursuite il ne vaille que 500, c'est 1.000 qu'il devra payer sur ses deniers personnels.

II. — Si au contraire le donataire est de bonne foi, il ne sera tenu que dans la mesure de son enrichissement. Il ne doit pas faire de gain, mais aussi il ne doit pas subir de perte.

Il ne devra les fruits que du jour de la demande.

La perte ou les dégradations de la chose ne seront pas à sa charge.

Il pourra user de la faculté de délaissement.

S'il délaisse, il aura droit à la plus-value.

97. — Le tiers acquéreur à titre onéreux et complice de la fraude, qui a payé le prix à son vendeur, pourra-t-il se faire restituer ce prix par les créanciers ?

Oui, si le prix est encore dans le patrimoine du débiteur. Puisque les créanciers poursuivent la réparation du préjudice, il est certain qu'ils n'en éprouvent aucun jusqu'à concurrence de ce qu'ils retrouvent dans leur gage.

Si le prix a été dissipé par le débiteur, le préjudice des créanciers reste entier et doit être réparé par le tiers complice de la fraude, il perdra donc et la chose et son prix.

§ 3.

Rapports entre le débiteur et le tiers défendeur.

98. — Entre le débiteur et son acquéreur, le contrat n'est pas annulé ; la révocation prononcée en faveur des créanciers n'atteint pas le contrat et l'action Paulienne est étrangère aux parties contractantes.

Aussi, quand la chose, après être rentrée dans le patrimoine du débiteur, a été vendue, que le prix a été distribué aux créanciers et qu'il y a un reliquat, ce reliquat doit faire retour à l'acquéreur qui, dans ses rapports avec son vendeur, était bien resté propriétaire de la chose.

99. — En étudiant l'art. 788, nous avons vu (n° 46) qu'aucun recours ne peut être exercé contre le débiteur par le tiers défendeur.

APPENDICE

L'ACTION RÉVOCATOIRE DANS LE DROIT
COMMERCIAL

100. — Les dérogations au droit commun sont nombreuses en droit commercial et le législateur devait s'y montrer moins difficile dans la preuve de la fraude exigée contre le débiteur. Et avec raison; car le commerçant, sur le point de faire faillite, a bien des moyens de frauder ses créanciers, qui, eux, n'ont pu exiger des sûretés incompatibles avec les exigences du commerce.

101.— De tout temps on a essayé de garantir les créanciers contre la fraude de leur débiteur commerçant.

Les Républiques italiennes du moyen âge nous ont laissé le souvenir des précautions qu'elles prenaient. A Florence, après la faillite, tous les actes faits par le débiteur étaient annulés. — Le statut de 1498, à Gênes, annulait même les actes faits par le failli dans les quinze jours qui précèdent la faillite.

Un règlement de 1667, à l'usage spécial de Lyon, déclarait que :

« Toutes cessions et transports sur les effets des faillis étaient nuls, s'ils n'étaient faits dix jours au moins avant la faillite publiquement connue. »

Le Parlement, en enregistrant ce règlement, en fit une loi.

L'ordonnance de 1673 ne fit que poser le principe de l'action Paulienne aux actes faits par le failli.

En 1702, le règlement de 1673 fut étendu à tout le royaume :

« Toutes cessions et transports sur les biens des marchands qui font faillite, seront nuls et de nulle valeur, s'ils ne sont faits dix jours au moins avant la faillite publiquement connue ; comme aussi que les actes et obligations qu'ils passeront par devant notaire, au profit de quelques-uns de leurs créanciers ou pour contracter de nouvelles dettes, ensemble les sentences qui seront rendues contre eux, n'acquerront aucune hypothèque ni préférence sur les créanciers chirographaires, si lesdits actes et obligations ne sont passés et si lesdites sentences ne sont rendues pareillement dix jours au moins avant la faillite publiquement connue. »

Ce règlement resta en vigueur jusqu'au Code de commerce de 1807.

Le Code de commerce reconnut le principe des nullités de plein droit, mais le point de départ des dix jours ne fut plus le jour de la faillite notoirement connue, ce fut celui de l'ouverture de la faillite, dont l'époque était fixée par l'art. 441 :

« Soit par la retraite du débiteur, soit par la clôture de ses magasins, soit par la date de tous actes constatant le refus d'acquitter ou de payer des engagements de commerce. »

La loi de 1838 est venue modifier le Code et avec raison.

En effet il n'était fait aucune distinction entre les hypothèques consenties pour dettes antérieures et celles que consentait le débiteur pour garantir une créance au moment même où elle était consentie.

— La créance était maintenue, l'hypothèque seule était anéantie, et pourtant c'était en vue de celle-ci que la créance avait été consentie.

Les actes translatifs de propriété immobilière à titre gratuit seuls étaient déclarés nuls, tandis que ceux translatifs de propriété mobilière n'étaient pas atteints, et c'est par ceux-là pourtant que la fraude est plus facile et plus complète.

On distinguait aussi entre les engagements commerciaux et les engagements civils , entre le payement de dettes non échues commerciales et civiles.

102.— C'est la loi de 1838 qui nous régit aujourd'hui par ses art. 446, 447, 448 et 449 :

« Art. 446 : Sont nuls et sans effet, relativement à la masse, lorsqu'ils auront été faits par le débiteur depuis l'époque déterminée par le tribunal comme étant celle de la cessation de ses payements, ou dans les dix jours qui auront précédé cette époque : — Tous actes translatifs de propriétés mobilières ou immobilières à titre gratuit; — Tous payements, soit en espèces, soit par transport, vente, compensation ou autrement, pour dettes non échues, et pour dettes échues, tous payements faits autrement qu'en espèces ou effets de commerce; — Toute hypothèque conventionnelle ou judiciaire, et tous droits d'antichrèse ou de nantissement constitués sur les biens du débiteur, pour dettes antérieurement conctractées.

« Art. 447 : Tous autres payements faits par le débiteur pour dettes échues, et tous autres actes à titre onéreux par lui passés après la cessation de ses payements et avant le jugement déclaratif de faillite, pourront être annulés si, de la part de ceux qui ont reçu du débiteur ou qui ont traité avec lui, ils ont eu lieu avec connaissance de la cessation de ses payements.

« Art. 448. — Les droits d'hypothèque et de privilège valablement acquis pourront être inscrits jusqu'au jour du jugement déclaratif de la faillite. — Néanmoins les inscriptions prises après l'époque de la cessation de payements, ou dans les dix jours qui précèdent, pourront être déclarées nulles, s'il s'est écoulé plus de quinze jours entre la date de l'acte constitutif de l'hypothèque ou du privilège et celle de l'inscription. Ce délai sera augmenté d'un jour à raison de cinq myriamètres de distance entre le lieu où le droit d'hypothèque aura été acquis et le lieu où l'inscription sera prise.

« Art. 449 : Dans le cas où des lettres de change auraient été payées après l'époque fixée comme étant celle de la cessation de payements et avant le jugement déclaratif de faillite, l'action en rapport ne pourra être intentée que contre celui pour compte duquel la lettre de change aura été fournie. — S'il s'agit d'un billet à ordre, l'action ne pourra être exercée que contre le premier endosseur. — Dans l'un et l'autre cas, la preuve que celui à qui on demande le rapport avait connaissance de la cessation de payements à l'époque de l'émission du titre devra être fournie. »

Ainsi le Code de commerce établit trois périodes de temps différentes :

1° Celle antérieure à la cessation des payements et aux dix jours qui précèdent. Nous sommes alors dans le droit commun et l'art. 1467 est applicable ; la masse des créanciers devra en remplir les conditions pour l'exercer ;

2° Période postérieure au jugement déclaratif. Le failli est dessaisi de l'administration de ses biens, qui est confiée aux syndics, et tous les actes qu'il ferait seraient nuls à l'égard des créanciers, malgré la bonne foi des tiers ;

3° Période intermédiaire, celle de la cessation de payements et des dix jours qui précèdent jusqu'au jugement déclaratif.

Cette dernière période a surtout préoccupé le législateur de 1838, qui a édicté des dérogations nombreuses aux règles ordinaires.

Le tribunal déclare la faillite et fixe la date de la cessation des payements soit par le jugement déclaratif soit même par un jugement postérieur.

Tous les actes préjudiciables et postérieurs à la cessation de payements peuvent être annulés, s'il est établi que les tiers avaient connaissance de cette cessation.

Certains actes, passés à partir du dixième jour, qui précède la cessation de payements, sont nuls de plein droit.

Enfin la loi, dans l'art. 448, contient une disposition nouvelle sur l'inscription des hypothèques.

Nous ne pouvons entrer dans les longs développements que comportent ces articles de la loi de 1838, toute particulière à des exigences commerciales, et dans les nombreuses difficultés qu'ils ont suscitées dans la pratique. Il en faudrait faire le sujet non plus d'un appendice, mais d'une étude spéciale.

Nous ferons cependant un exposé rapide et succinct des principes contenus dans les art. 446 à 449.

§ 1.

Actes nuls de plein droit.

103. — Seront nuls et sans effets, dit l'art. 446 :

1° Tous actes translatifs de propriété mobilière ou immobilière à titre gratuit, faits depuis la cessation de payements ou dans les dix jours qui précèdent ;

2° Tous payements, soit en espèces, ⌐soit par transport, rente, compensation ou autrement, pour dettes non échues et pour dettes échues, tous payements faits autrement ¦qu'en espèces ou effets de commerce ;

3° Toutes hypothèques conventionnelles ou judiciaires, et tous droits d'antichrèse ou de nantissement constitués sur les biens du débiteur, pour dettes antérieurement contractées.

104. — *1° Actes à titre gratuit.* Nous avons déjà remarqué que le Code de 1807 ne parlait que des actes translatifs de propriété immobilière, et ne s'occupait point de ceux translatifs de propriété mobilière. Cependant celle-ci commençait déjà à devenir bien importante et allait bientôt dépasser la propriété immobilière. — Les créanciers seraient facilement devenus la dupe de leur débiteur qui aurait pu impunément disposer de ses biens mobiliers en fraude de leurs droits.

Le législateur de 1838 a été plus prévoyant et est venu au secours des créanciers, en assimilant les actes translatifs de propriété mobilière à ceux translatifs de propriété immobilière.

105. — L'art. 446 ne sera pas applicable aux

Donations rémunératoires, mais seulement lorsqu'elles seront proportionnées aux services rendus ; question 'd'appréciation laissée à la sagesse
des tribunaux. Ainsi le don d'une faible somme
qu'une personne, près de tomber en faillite, ferait
à un domestique qui l'aurait longtemps servie, afin
de l'aider à vivre jusqu'à ce qu'il pût trouver à se
replacer.

106. — Mais que décider *des donations en
faveur du mariage?*

Pour nous, la constitution de dot, par cela
qu'elle a été faite par un commerçant, ne perd pas
le caractère de gratuité que nous lui avons reconnu
en droit civil, et la jurisprudence la plus récente
décide avec raison que l'art. 446 s'applique à la
donation par contrat de mariage consentie par un
commerçant à son fils durant la période déterminée
par cet article (1).

107. — *2° Payements en espèces ou autrement
pour dettes non échues : et pour dettes échues,
paiements faits autrement qu'en espèces ou effets
de commerce.*

I. — Le débiteur n'était pas tenu de faire le
payement de dettes non échues ; en agissant ainsi,
il a pour ainsi dire fait une libéralité et voulu favoriser
l'un de ses créanciers aux dépens des autres. Si ce

______

(1) Caen, 7 mars 1870. Voir, à la suite de l'arrêt observations de
M Bertauld, avocat, plaidant dans l'affaire. (D., p. 70, 2, 97).

payement a eu lieu depuis la cessation de payements ou dans les dix jours qui l'ont précédée, il sera nul, qu'il ait été fait en espèces, par *transport, vente, compensation* ou *autrement.*

108. — Par *transport*; — lorsque le débiteur transmet à son créancier sa créance contre une tierce personne. Ce transport peut s'effectuer par délégation ou par cession.

La délégation, pour être valable, devra avoir lieu avant les dix jours qui précèdent la cessation de payements.

Mais pour que la cession produise son effet à l'égard du débiteur cédé, il faut qu'elle lui soit signifiée et qu'il l'accepte; cependant cette cession échappera à l'application de l'art. 446 si elle a été faite avant les dix jours ; on devra se reporter à la date de la cession elle-même et non à la date de la signification au cédé ou de son acceptation. En effet l'art. 446 ne s'occupe que des actes du failli et la signification émane du cessionnaire, l'acceptation, du tiers cédé.

Quel que soit l'intervalle de temps écoulé entre la cession et les formalités qui la rendent parfaite, l'acte du failli sera valable, car, si l'art. 448 a indiqué un délai maximum entre l'hypothèque ou le privilège et son inscription, cette disposition n'a pas été étendue au cas qui nous occupe.

109. — Par *payements par vente*, le législateur

de 1838 a eu en vue la *dation en payement.* Il serait
en effet bien facile à un débiteur de favoriser ainsi
l'un de ses créanciers, en consentant la substitution
d'un objet de valeur supérieure à l'objet dû. Et un
créancier qui accepte de semblables arrangements
avec un débiteur aux abois, n'a pu paraître digne
d'intérêt au législateur; une fraude est à présumer (1).

110. — L'art. 446 annule le *payement par
compensation.* — La loi ici n'a certainement voulu
parler que de la compensation conventionnelle, de
celle qui porterait sur une dette non échue étei-
gnant une dette échue, et non de la compensation
légale qui n'a lieu qu'entre deux dettes également
exigibles et liquides et s'effectue de plein droit (2).

111. — Ou *autrement*, ajoute l'art. 446. —
C'est-à-dire toute espèce de libération ou de payement appliqués à des dettes non échues. Un commerçant, par exemple, a acheté un objet payable à
terme : ne pouvant le payer, il le rend à son vendeur, avant que sa dette fût exigible. Si cet acte a
eu lieu après la cessation de payements ou dans les
dix jours qui précèdent, il sera nul de plein droit.

(1) Cass, 30 mai 1848.
(2) Rouen, 14 juin 1870 (D., p. 72, 2, 142). — Comp. Cass.
22 août 1865 (D., p. 65, 1, 333), — et Caen, 27 juin 1874 (D.,
p. 76, 2, 138).—Arrêt qui admet la compensation légale entre les
reprises dues à la femme et les récompenses qu'elle peut devoir,
après la faillite du mari et la séparation de biens.

112. — II. — Il est dans les habitudes du commerce que les payements de dettes échues se fassent non seulement en espèces, mais en effets de commerce ; dans ce cas le payement est parfaitement valable, si le créancier ainsi désintéressé ignorait la cessation de paiements de son débiteur. S'il la connaissait, l'art. 447 serait alors applicable.

D'après l'art. 446, les payements faits autrement qu'en espèces ou effets de commerce sont donc nuls de plein droit : Ce seront les dations en payement, payements par transport, vente, compensation ou autrement.

113. — Il semblerait qu'en prenant à la lettre les termes de l'art. 446 qui, après la cessation des payements, ou dans les dix jours qui l'ont précédée, interdit tous payements opérés autrement qu'en espèces ou effets de commerce, on devrait annuler les envois de marchandises que le failli a faits, durant cette période, à celui avec lequel il est en compte courant. Mais on ne doit pas aller si loin et il est certain que des remises de marchandises, en compte courant, commencées et continuées sans fraude, ne tombent pas sous le coup de la nullité de l'art. 446 ; elles peuvent seulement donner lieu à l'application de l'art. 447.

Un arrêt de Cassation du 15 février 1875 en donne les motifs :

« Attendu que les éléments qui constituent le compte courant ne rentrent point dans les termes

de cette disposition (nullité édictée par l'art. 446) ;
que le compte courant ayant pour effet de confondre un ensemble d'opérations liées entre elles par la loi d'un même contrat et d'aboutir à un règlement unique : il n'y a, jusqu'à ce que ce règlement soit intervenu, ni payement, ni dette à échéance fixe ; — Que les actes à titre onéreux, prohibés par l'art. 446, supposent une modification de la convention primitive, et sont ordinairement déterminés par l'embarras des affaires du débiteur ; — Que ces circonstances, qui motivent la présomption de fraude établie par la loi, ne se rencontrent point dans le contrat de compte courant ; que les remises effectuées pour son exécution sont, au contraire, conformes à la convention primitive, et, loin de révéler la détresse du débiteur, sont la manifestation normale de l'activité de son commerce ; — Que cette différence dans la nature des choses explique la volonté du législateur de ne point soumettre les remises en compte courant à la présomption de fraude et à la nullité absolue que porte l'art. 446, mais de les comprendre dans la généralité des actes à titre onéreux, dont l'art. 447 permet au juge de discerner le caractère par l'examen des faits de la cause (1). »

114. — 3° *Hypothèques conventionnelles ou judiciaires, droits d'antichrèse ou de nantissement*

(1) Cass., 15 février 1875 (D., p. 76, 1, 318). — 20 mai 1873 (D., p. 73. 1, 409).

constitués sur les biens du débiteur, pour dettes antérieurement contractées.

La loi de 1838 a apporté des modifications au Code de 1807, qui ne distinguait pas entre les hypothèques consenties pour dettes antérieures et celles consenties au moment de la naissance de la dette ; l'art. 443 annulait, indistinctement, toute hypothèque sur les biens du failli acquise entre les dix jours antérieurs à la cessation des payements et le jugement déclaratif de faillite, quelle que fût la date de l'obligation principale à laquelle elle se rattachait.

La loi de 1838 a justement distingué : si la créance, au moment de sa naissance, est garantie par une hypothèque, cette hypothèque est valable, même si elle est consentie pendant la période suspecte ; si l'hypothèque au contraire est postérieure à la naissance dela créance, elle est nulle, en vertu de l'art. 446, parce qu'elle est présumée constituée pour avantager un créancier aux dépens des autres.

115. — Pour les hypothèques judiciaires, l'art. 446 est mal rédigé, en les assimilant aux hypothèques conventionnelles ; et la distinction qu'il consacre pour celles-ci ne peut leur être applicable, puisque, résultant d'un jugement ou d'un acte judiciaire, elles sont toujours postérieures à la créance qu'elles garantissent.

116. — L'art. 443 du Code de 1807 déclarait

nuls les hypothèques légales et les privilèges. —
La loi de 1838, au contraire, ne les comprend pas
dans son art. 446 ; ces garanties sont en effet toujours concomitantes ou antérieures à la créance
et l'article ne prévoit que les garanties données
pour créances antérieures.

117. — Comme cet art. 446, l'art. 1167 du
Code civil prononce la nullité des actes du débiteur, mais il existe entre eux une différence essentielle. Quand ils agissent en vertu de l'art. 1167,
les créanciers doivent prouver la fraude du débiteur,
toujours, du débiteur et des tiers seulement quand
les actes sont à titre onéreux. — L'art. 446 établit
une présomption légale de fraude, contre laquelle
la preuve ne peut être admise.

§ II

Actes annulables

118. — « Tous autres payements faits par le
débiteur pour dettes échues, et tous autres actes
à titre onéreux par lui passés après la cessation
des payements et avant le jugement déclaratif de
faillite pourront être annulés, si de la part de ceux
qui ont reçu du débiteur ou qui ont traité avec lui,
ils ont eu lieu en connaissance de la cessation des
payements (art. 447). »

Il n'est plus ici question des dix jours qui précèdent la cessation des payements, les actes, faits

dans cette période et qu'on voudra attaquer, comme frauduleux, devront l'être en vertu du droit commun, de l'art. 1167 du Code civil.

Mais à partir de la cessation de payements c'est l'art. 447 qui deviendra applicable, et son application sera beaucoup plus facile.

L'art. 1167 exige trois conditions : 1° préjudice ; 2° fraude ; 3° complicité du tiers.

L'art. 447 n'exige que la première condition, le préjudice. — Il ne sera pas nécessaire de prouver l'intention frauduleuse de la part du failli, car celui-ci, pour trouver une planche de salut, au moment de tomber en faillite, aura pu faire des actes de bonne foi afin d'essayer de relever sa situation, qu'il ne pouvait croire désespérée. Mais ses créanciers ne devront pas en être les victimes.

Exiger contre les tiers la complicité dans la fraude était impossible, puisqu'on n'exigeait pas cette fraude chez le débiteur lui-même. La simple connaissance de la cessation de payements suffira pour les mettre en garde contre les actes qui leur pourraient être proposés par le débiteur, au détriment de ses créanciers, et s'ils passent outre, ils en porteront la peine (1).

119. — On aperçoit les différences qui existent entre les nullités de l'art. 446 et celles de l'art. 447 :

1° — L'art. 447 veut que le tiers ait eu con-

ıaissance de la cessation de payements ; cette condition n'est plus réclamée par l'art. 446 ;

2° — Les nullités de l'art. 446 sont absolues, les juges *doivent* les prononcer ; — celles de l'art. 447 *peuvent* être prononcées ; les juges ont donc un certain pouvoir d'appréciation ;

3° — L'art. 446 atteint tous les sous-acquéreurs quels qu'ils soient.

120. — L'art. 449 contient une dérogation à l'art. 447 :

« Dans le cas où des lettres de change auraient été payées après l'époque fixée comme étant celle de la cessation des payements, et avant le jugement déclaratif de faillite, l'action en rapport ne pourra être intentée que contre celui pour compte duquel la lettre de change aura été fournie. S'il s'agit d'un billet à ordre, l'action ne pourra être exercée que contre le premier endosseur. Dans l'un et l'autre cas la preuve que celui à qui on demande le rapport avait connaissance de la cessation des payements, à l'époque de l'émission du titre, devra être fournie. »

Cette disposition est une innovation de la loi de 1838. Ici le payement sera valable, alors même que celui qui l'a reçu connaissait la cessation de payements de celui qui a payé : la masse des créanciers ne pourra rien réclamer au tiers porteur désintéressé, en apparence, à leurs dépens.

« Cette faveur, dont est entouré le tiers porteur d'un effet de commerce négociable, s'explique par plusieurs raisons. D'abord il importait d'assurer la libre circulation de la lettre de change et des billets à ordre. De plus, la situation du tiers porteur était intéressante, à ce point de vue qu'il ne pouvait refuser le payement qui lui était offert ; que d'ailleurs le recours contre les précédents endosseurs et contre le tireur, ne lui était assuré qu'à la condition d'avoir fait faire le protêt en temps utile ; or ayant été payé il n'avait pu faire protester. Si le payement reçu par lui était annulé, il perdrait à la fois son argent et son recours contre les précédents endosseurs et le tireur. »

L'intérêt de la masse des créanciers sera cependant sauvegardé par le recours qui lui est donné, au cas où la cessation de payements existait déjà au moment où le titre à été émis, contre celui qui a reçu le premier le montant de l'effet alors que le failli ne pouvait plus faire valablement un payement. Si c'est une lettre de change, le recours s'effectuera contre celui pour le compte duquel la lettre a été fournie, ce sera le tireur ou donneur d'ordre, qui a touché du preneur le montant de l'effet, à condition toutefois qu'il fût de mauvaise foi au moment de l'émission de la lettre. — Si c'est un billet à ordre, l'action de rapport sera poursuivie contre le premier endosseur qui par son endos a reçu le premier le montant de l'effet, à condition qu'au moment de l'endossement il ait été de mauvaise foi, puisque c'est alors qu'il émet le billet pour son compte.

§ 3.

Nullité des inscriptions des hypothèques ou privilèges.

121.— « Les droits d'hypothèque et de privilège valablement acquis pourront être inscrits jusqu'au jour du jugement déclaratif de la faillite. Néanmoins les inscriptions prises après l'époque de la cessation des payements ou dans les dix jours qui précèdent, pourront être déclarées nulles, s'il s'est écoulé plus de quinze jours entre la date de l'acte constitutif de l'hypothèque ou du privilège et celle de l'inscription. Ce délai sera augmenté d'un jour, à raison de cinq myriamètres de distance, entre le lieu où le droit d'hypothèque aura été acquis et le lieu où l'inscription sera prise (art. 448). »

Cet article punit la négligence du créancier qui a omis de prendre inscription en temps utile, qu'il ait connu ou non le mauvais état des affaires de son débiteur. Il devait dans la quinzaine prendre inscription, il ne l'a pas fait, tant pis pour lui, les tiers, qui ont pu, par ce retard, être induits en erreur, n'auront pas à en souffrir.

Cependant l'art. 448 laisse aux juges la faculté d'apprécier les conséquences du retard du créancier, en se servant des expressions : « Les inscriptions..... *pourront* être déclarées nulles. » — Si le préjudice n'est pas établi, ils ne prononceront pas la nullité de l'inscription ; mais ils ne pourraient se fonder sur l'absence de fraude chez le créancier ;

la présomption de fraude est établie par la loi, et aucune preuve n'est admise contre une présomption légale.

122. — La loi de 1838 établit donc une distinction : entre les inscriptions prises pendant la période suspecte, mais dans les quinze jours depuis la constitution de l'hypothèque. — Dans ce cas l'inscription est valable ; — et les inscriptions prises après ce délai de quinze jours, et pendant la période suspecte, sont annulées. — L'art. 443 du Code de 1807 et l'art. 2146 du Code civil ne faisaient, eux, aucune distinction : toutes les inscriptions prises dans le délai pendant lequel les actes, faits avant l'ouverture des faillites, sont nuls, devront être annulés, disait l'art. 2146, et l'art. 443 ajoutait que ce délai est de dix jours avant l'ouverture de la faillite.

123. — L'action en nullité de l'art. 446 et en annulation des art. 447 et 448 existe seulement au profit de la masse des créanciers, et ne peut être exercée par le failli lui-même ; ces nullités ont en effet été édictées dans l'intérêt de la masse exclusivement, ainsi que le démontrent les expressions de l'article 446 : « sont nuls *relativement à la masse.* »

La jurisprudence, dans les diverses espèces qu'elle a eues à juger, a toujours décidé en ce sens (1).

____

(1) Paris, 24 janv. 1844, 3 décembre 1846, 23 juillet 1857. — Douai, 17 fév. 1859, — Cass., 10 fév. 1863 (D., p. 63, 1, 300). — Bourges, 1er avr. 1870 (D., p. 72, 2, 30).

POSITIONS

DROIT ROMAIN

La constitution de dot était considérée comme un acte à titre gratuit à l'égard de la femme.

Le payement d'une dette échue fait avant l'envoi en possession des biens du débiteur, ne tombait jamais sous le coup de l'action Paulienne.

La loi *Ælia Sentia* est postérieure à l'institution de l'action Paulienne.

L'action réelle a précédé l'action personnelle.

DROIT CIVIL

L'action révocatoire n'est admise contre les actes à titre gratuit, même les renonciations, qu'autant qu'il y a eu fraude de la part du débiteur ; le préjudice seul ne suffit pas.

La constitution de dot est un acte à titre onéreux en ce qui concerne le mari, à titre gratuit en ce qui concerne la femme.

L'action révocatoire est personnelle.

L'action révocatoire profite même aux créanciers postérieurs à l'acte frauduleux.

L'action révocatoire est une action en nullité.

L'action dure trente ans.

Le tiers sous-acquéreur peut opposer la prescription de dix à vingt ans.

DROIT COMMERCIAL

L'inscription de l'hypothèque légale de la femme ou du mineur ne peut être déclarée nulle, en vertu de l'art. 448 C. de comm., quoiqu'elle ait été prise postérieurement à la cessation des payements du mari ou du tuteur et plus de quinze jours après l'année qui suit la dissolution du mariage ou la cessation de la tutelle.

Les actions relatives au billet à domicile se prescrivent par cinq ans.

DROIT ADMINISTRATIF

Le Conseil de préfecture est compétent pour connaître des dommages permanents du fait de l'entrepreneur ou de l'administration.

DROIT CRIMINEL

Le mineur de seize ans qui est déclaré avoir agi sans discernement ne peut être condamné aux frais.

L'immunité de l'art. 380 Code pénal ne profite pas au complice.

DROIT INTERNATIONAL

L'étranger peut avoir un domicile en France.

La femme étrangère n'a pas d'hypothèque légale sur les biens de son mari situés en France.

Vu par le Doyen,

C. DEMOLOMBE.

Vu par le Président de la Thèse,

FEUGUEROLLES.

Permis d'imprimer :

Le Recteur de l'Académie,

CAPMAS.

TABLE DES MATIÈRES

DROIT ROMAIN

DROIT FRANÇAIS

DROIT CIVIL

CHAPITRE PREMIER

NATURE DE L'ACTION RÉVOCATOIRE.

CHAPITRE IV

PAR QUI L'ACTION PEUT ÊTRE INTENTÉE.

CHAPITRE V

CONTRE QUI L'ACTION PEUT ÊTRE INTENTÉE.

CHAPITRE VI

DURÉE DE L'ACTION.

CHAPITRE VII

EFFETS DE L'ACTION.

§ 1er. — *Rapports des créanciers entre eux.*

APPENDICE.

L'ACTION RÉVOCATORE DANS LE DROIT COMMERCIAL.

TYPOGRAPHIE

EDMOND MONNOYER

AU MANS (Sarthe)